Como chegar ao SIM
com VOCÊ MESMO

"Este livro explica como podemos estabelecer acordos mais satisfatórios e bem-sucedidos com a pessoa do outro lado do espelho. Com histórias esclarecedoras e conselhos prudentes, oferece insights práticos para melhorar nossas decisões e nossos relacionamentos."

— Adam Grant, professor da Wharton School e autor de *Dar e receber*

"Esta obra traz uma enorme contribuição às áreas de negociação e gerenciamento de conflitos. William Ury descomplica os desafios que atormentam até os negociadores mais experientes: como conseguir o que quero quando não sei o que quero? Como deixar de ser meu maior inimigo e me tornar meu maior aliado?"

— Douglas Stone e Sheila Heen, coautores de *Conversas difíceis*

"Já sabemos quem é o nosso maior rival na mesa de negociações: nós mesmos. Ury escreveu uma sequência indispensável a *Como chegar ao sim*. Se você adotar as estratégias vencedoras deste livro, terá sucesso nos negócios e na vida."

— Daniel H. Pink, autor de *Motivação 3.0*

"*Como chegar ao sim com você mesmo* oferece uma abordagem que constrói confiança e conexão de tal maneira que deixa o leitor se sentindo pleno e cheio de energia. Todos se sairão melhor em uma negociação se começarem o trabalho consigo mesmos antes de se voltarem para a outra parte."

— Joanna Barsh, diretora emérita da McKinsey & Company e coautora de *Mulheres no poder*

WILLIAM URY

Como chegar ao
SIM
com
VOCÊ MESMO

SEXTANTE

Título original: *Getting to Yes With Yourself*

Copyright © 2015 por William Ury
Copyright da tradução © 2015 por GMT Editores Ltda.

Todos os direitos reservados. Nenhuma parte deste livro pode ser utilizada ou reproduzida sob quaisquer meios existentes sem autorização por escrito dos editores.

tradução
Afonso Celso da Cunha

preparo de originais
Melissa Lopes Leite

revisão
Luis Américo Costa e Tereza da Rocha

projeto gráfico e diagramação
DTPhoenix Editorial

capa
Miriam Lerner

impressão e acabamento
Associação Religiosa Imprensa da Fé

CIP-BRASIL. CATALOGAÇÃO NA PUBLICAÇÃO
SINDICATO NACIONAL DOS EDITORES DE LIVROS, RJ

U82c   Ury, William
         Como chegar ao sim com você mesmo / William Ury; tradução de Afonso Celso da Cunha. Rio de Janeiro: Sextante, 2015.
         144 p.: il.; 16 x 23 cm.

         Tradução de: Getting to yes with yourself
         ISBN 978-85-431-0200-9

         1. Negociação. 2. Desenvolvimento pessoal. I. Título.

15-19826   CDD: 158.2
                                         CDU: 316.47

Todos os direitos reservados, no Brasil, por
GMT Editores Ltda.
Rua Voluntários da Pátria, 45 – 14.º andar – Botafogo
22270-000 – Rio de Janeiro – RJ
Tel.: (21) 2538-4100
E-mail: atendimento@sextante.com.br
www.sextante.com.br

*Aos meus professores,
com profunda gratidão*

SUMÁRIO

Introdução: A primeira negociação   9

Capítulo 1. Coloque-se no *seu* lugar   19
        Do autojulgamento ao autoconhecimento

Capítulo 2. Desenvolva sua Batna interior   37
        Da culpa à responsabilidade

Capítulo 3. Reenquadre seu panorama   55
        Da hostilidade à cordialidade

Capítulo 4. Mantenha-se no presente   71
        Da resistência à aceitação

Capítulo 5. Respeite os outros   89
        Da exclusão à inclusão

Capítulo 6. Saiba dar e receber   109
        De ganha-perde para ganha-ganha-ganha

Conclusão: As três vitórias   127

        Agradecimentos   134

        Notas   137

INTRODUÇÃO

A primeira negociação

Quem quer mudar o mundo precisa primeiro mudar a si mesmo.
— SÓCRATES

Qual é a melhor forma de negociar? Como resolver os conflitos que surgem naturalmente entre colegas e chefes, cônjuges e parceiros, clientes e consumidores, filhos e familiares – aliás, em qualquer interação? Como conseguir o que *realmente* queremos e, ao mesmo tempo, lidar com as necessidades de outras pessoas em nossa vida? Talvez nenhum outro dilema humano seja mais generalizado e desafiador.

Tenho trabalhado com essa questão durante toda a minha vida profissional. Há cerca de 35 anos, tive o privilégio de escrever com Roger Fisher, meu falecido mentor e colega, *Como chegar ao sim*. Esse livro ajudou muita gente a negociar com sucesso no trabalho, em casa e na sociedade como um todo. Depois de vender milhões de exemplares em todo o mundo, ele transformou em muitas pessoas a maneira de lidar com as diferenças, contribuindo para o fim da busca de um resultado desigual em que um precisa perder para o outro ganhar e estimulando a abordagem ganha-ganha, em que todas as partes envolvidas saem satisfeitas.

Chegar a acordos convenientes para todos, porém, costuma ser uma tarefa muito árdua. Desde a publicação de *Como chegar ao sim*, tive a oportunidade de treinar dezenas de milhares de pessoas, em uma ampla variedade de situações, nos métodos de negociação que buscam benefícios para os dois lados. Trabalhei com gestores, advogados, operários de fábrica, professores, diplomatas, pacifistas, parlamentares e autoridades públicas. Muitos desses participantes conseguiram mudar o jogo, indo do ganha-perde para o ganha-ganha, mas outros tiveram dificuldade em dar a virada. Mesmo que tenham aprendido os fundamentos do estilo ganha-ganha de negociar, retrocedem aos métodos destrutivos e desiguais ao enfrentar conflitos, geralmente atribuindo a recaída ao fato de estarem negociando com pessoas difíceis.

Como concentrei meu trabalho justamente nas interações com pessoas difíceis e no enfrentamento de situações desafiadoras, achei que seria capaz de ir além e oferecer novos insights nesse sentido. Escrevi, então, *Supere o não – Negociando com pessoas difíceis*, e, mais recentemente, outro livro, *O poder do não positivo – Como dizer não e ainda chegar ao sim*. Os métodos descritos nessas obras também ajudaram muita gente a resolver suas disputas do dia a dia, mas eu sentia que ainda faltava alguma coisa.

Acabei concluindo que meu trabalho ainda precisava abordar de forma específica nossa primeira e mais importante negociação: aquela que realizamos com nós mesmos. Afinal, como esperar chegar ao sim com os outros, principalmente nas situações mais complexas, se não conseguimos, antes, chegar ao sim com nós mesmos?

Nossos piores adversários

Todos nós realizamos diversas negociações diariamente. No sentido mais amplo do termo, negociar é desenvolver qualquer comunicação interpessoal em mão dupla, na tentativa de chegar a um acordo entre as partes. Ano após ano, faço a diferentes públicos a seguinte pergunta: "Com quem você negociou hoje?" As respostas que recebo geralmente começam com "cônjuges" ou "companheiros"; em seguida, "filhos"; depois, "chefes", "colegas" e "clientes"; e, finalmente, "todo mundo, o tempo todo". Às vezes, no entanto, alguém responde "Negocio comigo mesmo", e os demais geralmente dão risada – a risada do reconhecimento.

Negociamos não só para chegar a um acordo, mas também para conseguir o que queremos. Depois de atuar durante décadas na condição de mediador em conflitos difíceis – de brigas de família e rixas em reuniões de conselhos executivos a greves trabalhistas e guerras civis –, descobri que os maiores obstáculos para conseguir o que queremos na vida não são as outras partes, por mais intratáveis que sejam os adversários, mas, sim, nós mesmos.

Nós nos sabotamos reagindo de maneira incompatível com os próprios interesses. Numa disputa de negócios, um sócio chama o outro de mentiroso na imprensa; este, por sua vez, entra com uma ação por difamação, envolvendo ambos em um processo judicial dispendioso. Em uma conversa delicada sobre divórcio, o marido se descontrola, ataca verbalmente a mulher e sai da sala fora de si, comprometendo o próprio interesse expresso de resolver o conflito em termos amigáveis, para o bem da família.

Por trás de nossas reações tempestuosas em momentos de confronto está a mentalidade hostil ganha-perde, com base no pressuposto de que só uma das partes deve sair vitoriosa – nós ou eles –, não ambas. Não importa que sejam gigantes dos negócios lutando pelo controle de um império comercial, crianças engalfinhando-se por um brinquedo ou grupos étnicos brigando por um território, todos parecem partir da premissa de que um lado só vence se o outro perder. Mesmo quando queremos cooperar, receamos que o outro lado tire proveito da situação, explorando-nos. O que sustenta essa mentalidade é o senso de escassez, o medo de que os recursos não sejam suficientes e por isso temos que garantir a nossa parte, mesmo que em prejuízo dos outros. Com frequência, o resultado dessa forma de agir é os dois lados ficarem com menos.

O maior obstáculo ao sucesso, porém, também pode acabar sendo nossa melhor oportunidade. Se aprendermos primeiro a nos influenciar, antes de procurar influenciar os outros, seremos mais capazes de satisfazer as nossas necessidades assim como de atender as necessidades alheias. Em vez de atuarmos como nossos piores adversários, podemos nos tornar nossos maiores aliados. Esse processo de transformação pessoal de oponente em aliado é o que chamo de chegar ao sim com você mesmo.

Seis passos desafiadores

Passei muitos anos estudando o processo de chegar ao sim com você mesmo explorando profundamente minhas vivências pessoais e profissionais, e também observando experiências alheias. Tentei compreender o que nos impede de conseguir o que realmente almejamos e o que nos ajuda a satisfazer as nossas necessidades *e* também a chegar ao sim com os outros. Reuni o que aprendi em um método de seis passos, sendo que cada um deles trata de um desafio pessoal específico.

Talvez esses seis passos pareçam mero senso comum. Mas, após três décadas e meia como mediador, posso garantir que, na verdade, o método está mais para senso *in*comum, ou seja, senso comum raramente aplicado. Pode ser que você já conheça alguns ou até todos os passos individualmente. Aqui, porém, eles estão combinados num método integrado que pretende ajudar você a mantê-los sempre em mente e aplicá-los de maneira consistente e eficaz.

Em resumo, os seis passos são os seguintes:

1. **Coloque-se no *seu* lugar.** O primeiro passo é compreender a fundo seu adversário mais poderoso: você. É muito comum cair na armadilha de ficar se julgando o tempo todo. O de-

safio é fazer o oposto e ouvir com empatia suas necessidades básicas, do mesmo modo que você faria com um cliente ou parceiro valioso.
2. **Desenvolva sua Batna interior.** Quase todos nós tendemos a jogar a culpa pelo conflito em outras pessoas. O desafio é fazer o oposto e tornar-se responsável por sua vida e por seus relacionamentos. Mais especificamente, é desenvolver a Batna interior (*Best Alternative To a Negotiated Agreement*, ou Melhor Alternativa a um Acordo Negociado) e assumir o compromisso de cuidar de seus interesses, independentemente do que os outros façam ou deixem de fazer.
3. **Reenquadre seu panorama.** O medo natural da escassez se manifesta em praticamente todo mundo. O desafio é mudar a maneira como você vê a sua vida, criando as próprias fontes de satisfação independentes e autossuficientes. É pensar que a vida está do seu lado, mesmo quando ela parece hostil.
4. **Mantenha-se no presente.** No calor do conflito, é fácil se perder em ressentimentos do passado ou em preocupações com o futuro. O desafio é fazer o oposto e viver o presente, a única condição em que é possível experimentar a verdadeira satisfação e também mudar a situação para melhor.
5. **Respeite os outros.** É tentador reagir à rejeição com rejeição, ao ataque pessoal com ataque pessoal, à exclusão com exclusão. O desafio é surpreender os outros com respeito e inclusão, mesmo que se trate de pessoas difíceis.
6. **Saiba dar e receber.** É muito comum, principalmente quando os recursos são escassos, cair na armadilha do ganha-perde e se concentrar em satisfazer apenas as próprias necessidades. O desafio final é mudar o jogo para o ganha-ganha-ganha, dando antes de receber.

O processo de chegar ao sim com você mesmo deve ser visto como uma jornada circular para o "sim interior", conforme mostra o diagrama a seguir. Esse sim interior é uma atitude construtiva incondicional de aceitação e respeito – primeiro em relação a si mesmo, depois para com a vida e, finalmente, nas interações com os outros. Você diz *sim para si mesmo* colocando-se no *seu* lugar e desenvolvendo sua Batna interior. Diz *sim para a vida* reenquadrando seu panorama e mantendo-se no presente. Diz *sim para os outros* respeitando-os e sabendo dar e receber. Cada *sim* abre caminho para o seguinte. Juntos, esses três *sim* formam um único sim interior que torna muito mais fácil chegar a um acordo com as outras partes, mesmo nas disputas mais acirradas.

O método do sim interior

- ❶ Coloque-se no *seu* lugar
- ❷ Desenvolva sua Batna interior
- ❸ Reenquadre seu panorama
- ❹ Mantenha-se no presente
- ❺ Respeite os outros
- ❻ Saiba dar e receber

SIM PARA SI MESMO • SIM PARA A VIDA • SIM PARA OS OUTROS

SIM INTERIOR

Para ajudar a ilustrar o método do sim interior, usarei não só histórias minhas como também de pessoas que me relataram suas experiências. Considerando que ao longo de minha carreira atuei como mediador e consultor de negociações em alguns dos conflitos mais árduos do mundo, eu me preparei para resistir às pressões ao ser atacado por pessoas poderosas, como presidentes e comandantes guerrilheiros, controlando meus impulsos e respeitando pessoas difíceis de serem respeitadas.

Conforme constatei, os mesmos princípios de negociação que ajudam a chegar ao sim exterior também facilitam a obtenção do sim interior. O que é eficaz na solução de conflitos externos pode funcionar internamente.

Embora às vezes chegar ao sim com você mesmo soe simples, com base em minha experiência pessoal e profissional eu diria que trata-se de uma das metas mais difíceis de serem alcançadas. Afinal, nós, seres humanos, somos criaturas reativas. Nada mais natural que julgar a nós mesmos, culpar os outros, temer a escassez e rejeitar quando somos rejeitados.

Por mais objetivo que possa parecer ouvir a própria voz interior, assumir a responsabilidade pelas próprias necessidades ou respeitar os outros, agir *realmente* dessa maneira talvez seja mais árduo do que gostaríamos de admitir. Procurei depurar o processo de chegar ao sim com você mesmo resumindo-o em princípios básicos, de modo a facilitar sua aplicação nas circunstâncias mais complexas, especialmente quando as emoções estão à flor da pele.

Quaisquer que sejam as dificuldades, porém, a verdade é que temos capacidade de sobra para superá-las. Dispomos dos melhores instrumentos para realmente alcançar o que queremos da vida. Por meio do aprendizado e da prática, somados à análise de nossas atitudes e à implementação de novos comportamentos, poderemos conseguir resultados que irão superar muito os investimentos em tempo e esforço.

Por experiência própria, posso dizer que chegar ao sim com você mesmo não é apenas a negociação mais desafiadora, mas também a mais recompensadora de todas.

Como usar este livro

Você pode usar o método do sim interior de várias maneiras. Uma delas é rever os seis passos *antes* de uma conversa ou negociação importante – de preferência, com um dia de antecedência, para se preparar adequadamente, mas, se sua agenda estiver muito apertada, é possível fazer isso em poucos minutos. Esse processo será útil para garantir que, ao interagir com outra pessoa, você não atue como seu pior adversário, mas sim como seu melhor aliado. Aliás, sugiro que, ao ler este livro, você tenha em mente uma situação desafiadora ou um relacionamento problemático com que esteja lidando. Além de aprender e se beneficiar mais com a leitura ao aplicar os seis passos a um caso específico, você também estará em melhores condições para obter acordos mutuamente satisfatórios.

Será muito mais fácil chegar ao sim com você mesmo como forma de preparação para uma negociação real se tiver praticado os seis passos regularmente, com antecedência suficiente. Siga o exemplo dos atletas, que treinam de maneira constante a fim de apresentar o melhor desempenho possível nas competições. Chegar ao sim com você mesmo é uma prática diária, que não deve se restringir a situações especiais.

Todos os dias temos diversas oportunidades de ouvir nossas necessidades básicas, de nos responsabilizar pelo atendimento dessas demandas e de mudar nossa abordagem de ganha-perde para ganha-ganha. Agindo assim, podemos evitar conflitos desnecessários e tornar nossas negociações regulares muito mais tranquilas. Para quem não está acostumado a olhar para o próprio interior, isso pode parecer um pouco cansativo. Tudo bem se precisar ir devagar. Como fã de trilhas e alpinismo, acredito muito em completar longos percursos com pequenos passos.

Essencialmente, *Como chegar ao sim com você mesmo* propõe um novo estilo de vida e uma nova forma de se relacionar com qualquer pessoa em qualquer situação, pessoal ou profissional. Ao terminar a leitura, você certamente notará uma melhora na sua capacidade de negociar com eficácia. No entanto, este livro foi concebido com um objetivo muito mais amplo: contribuir para que você alcance a satisfação interior e, com isso, torne sua vida melhor, seus relacionamentos mais saudáveis, sua família mais feliz, seu trabalho mais produtivo e o mundo mais pacífico. Meu desejo é ajudá-lo a obter sucesso na disputa mais importante de todas – o jogo da vida.

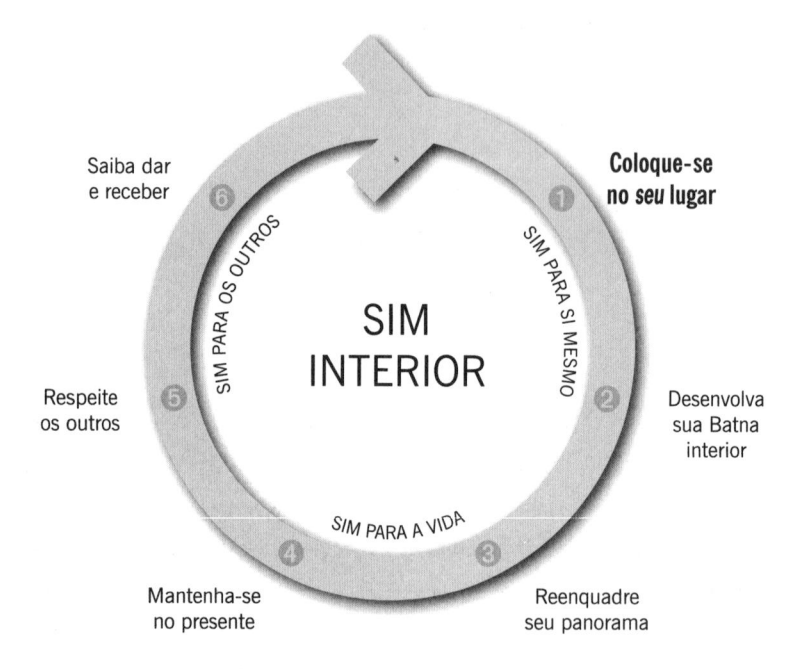

```
                    Coloque-se
  Saiba dar          no seu lugar
  e receber    ⑥              ①

         SIM PARA OS OUTROS   SIM PARA SI MESMO

                  SIM
               INTERIOR

  Respeite    ⑤              ②   Desenvolva
  os outros                        sua Batna
                                   interior

              SIM PARA A VIDA
                ④         ③

         Mantenha-se     Reenquadre
         no presente    seu panorama
```

CAPÍTULO 1

Coloque-se no *seu* lugar

DO AUTOJULGAMENTO AO AUTOCONHECIMENTO

Conhece a ti mesmo? Se eu me conhecesse, sairia correndo.
— JOHANN WOLFGANG VON GOETHE

Enquanto eu escrevia este livro, recebi um pedido de ajuda da esposa e da filha de Abilio Diniz, o bem-sucedido empresário brasileiro. Abilio estava envolvido em uma complexa e prolongada disputa comercial com os sócios franceses, lutando pelo controle de uma das principais cadeias de supermercados do Brasil, o Grupo Pão de Açúcar, empreendimento que Abilio e o pai construíram a partir de uma doceria. Embora Abilio tenha vendido o controle acionário, continuou a ser presidente do conselho de administração e grande acionista. Uma parceria que anos antes começara bem se tornara conflituosa. Dois grandes casos de arbitragem internacional estavam em curso, além de uma complexa ação judicial. A batalha era tema de constante especulação na mídia. Quem estava ganhando? O jornal *Financial Times* considerou a contenda "um dos maiores confrontos transcontinentais de negócios da história".

Preso nesse litígio que lhe consumia tempo e recursos, Abilio estava irritado e frustrado. A expectativa geral era de que a batalha feroz, que já se estendia por dois anos e meio, se prolongasse por mais oito, quando ele já teria bem mais de 80 anos.

Depois de estudar o caso cuidadosamente, tive uma longa conversa com o empresário na residência da família, em São Paulo. Por mais complicado e difícil que parecesse o conflito com os sócios franceses, senti que o principal obstáculo era o próprio Abilio. Ele se sentia muito desrespeitado e maltratado pelos parceiros comerciais. Não sabia o que realmente queria: lutar ou entrar em um acordo. Dentro e fora da sala de reuniões, muitas vezes se surpreendia reagindo com raiva, de maneira prejudicial aos próprios interesses. Como acontece com a maioria das pessoas, ele era seu mais poderoso adversário.

O primeiro passo de Abilio para resolver a disputa deveria ser definir suas verdadeiras prioridades. Perguntei-lhe, então: "O que você *realmente* quer?" Sua primeira reação foi me apresentar uma lista de desejos: ele queria vender suas ações a determinado preço, eliminar uma cláusula de não competição com vigência de três anos (que o impedia de adquirir outras redes de supermercado) e numerosos outros itens, inclusive imóveis. Pressionei-o. "Entendo que você queira todos esses itens concretos. Mas o que essas coisas vão acrescentar a um homem que parece ter tudo? O que, neste exato momento, você *mais* quer da vida?", indaguei. Ele fez uma breve pausa, desviou o olhar, virou-se para mim e disse, com um suspiro: "Liberdade. Quero minha liberdade." Diante disso, questionei o que a liberdade iria lhe proporcionar. "Tempo com a família, que é a coisa mais importante da minha vida", respondeu. "E liberdade para realizar meus sonhos de negócios."

A liberdade é importante para todos nós, mas tinha um significado especial para Abilio por causa de uma experiência terrível que enfrentara no passado. Anos antes, ele fora sequestrado por um bando de guerrilheiros chilenos. Confinado em um cubículo com pequenos orifícios para a entrada de ar e atormentado pelo som de música em alto volume, Abilio temia ser morto a qualquer momento. Felizmente, ele foi resgatado pela polícia depois de quase uma semana no cativeiro.

Tendo esclarecido o que ele considerava sua necessidade mais profunda, a conquista da liberdade passou a nortear nosso trabalho conjunto, orientando todas as nossas ações. Quando meu colega David Lax e eu começamos a negociar com o outro lado, conseguimos resolver em apenas quatro dias essa disputa amarga e longa, que se arrastava por tantos anos. A solução foi surpreendentemente satisfatória para todas as partes, como contarei adiante.

Todos almejamos realizar nossos maiores desejos. O problema, porém, é que, como no caso de Abilio, nem sempre sabemos com clareza o que *realmente* queremos. E ainda é possível que estejamos mais preocupados em satisfazer os anseios de outras pessoas próximas: cônjuge, sócios, colegas, clientes ou até adversários. Mas, da mesma maneira, nem sempre temos certeza do que essas pessoas *de fato* querem.

Quando alguém me pergunta qual é a habilidade mais importante de um negociador, respondo que, se eu tivesse de escolher apenas uma, seria a de se colocar no lugar da outra pessoa. Negociação, afinal, é um exercício de influência, é tentar mudar a posição de alguém. E o primeiro passo para isso é conhecer essa posição. Pode ser muito difícil, porém, imaginar-se na situação de outra pessoa, sobretudo em meio a um conflito ou uma negociação. Tendemos a nos concentrar tanto em nossos problemas e no que *nós* queremos que temos pouco ou nenhum espaço mental para dedicar ao problema da outra parte e ao que ela quer. Quando pedimos um aumento de salário ao chefe, por exemplo, estamos tão focados em resolver o nosso problema que muitas vezes nem consideramos o problema do chefe, como orçamento apertado, etc. Mas, se não o ajudarmos a resolver as questões dele, dificilmente ele terá condições de melhorar nosso salário.

Existe uma atitude preliminar importante e em geral ignorada que devemos tomar no esforço de esclarecer o que queremos e, indiretamente, o que a outra pessoa quer: colocar-se no *seu* lugar. Ouvir sua voz interior talvez revele o que você realmente quer. Ao mesmo tempo, também clareia a mente e abre um espaço racional e emocional para escutar a outra pessoa e compreender o que ela deseja de fato. No exemplo do aumento de salário, ouvir-se primeiro pode ajudá-lo a ouvir seu chefe e a entender o problema do orçamento apertado.

Colocar-se no *seu* lugar talvez pareça estranho de início – afinal, você já não está no seu lugar? Porém, tomar essa atitude da maneira adequada não é tão fácil quanto parece. Nossa tendência natural é julgar a nós mesmos com rigor e ignorar ou rejeitar partes de nós. Se nos avaliarmos com muita severidade, é provável que nosso impulso, como o de Goethe (na epígrafe), seja o de sair correndo, fugindo de nós mesmos. Quantas pessoas podem dizer com honestidade que sabem sondar as profundezas do próprio ser, examinando o coração e a mente? Quantos ouvem regularmente a si mesmos com empatia e compreensão – com a mesma solidariedade de um amigo de confiança?

Para alcançar esse ponto de vista, três iniciativas podem ser úteis. Primeiro, procure se distanciar de si mesmo e se ver a partir do "camarote". Segundo, ouça com empatia seus sentimentos mais recônditos, mais íntimos, para interpretar o que eles realmente lhe dizem. Terceiro, mergulhe ainda mais no seu interior e descubra quais são suas necessidades mais fundamentais.

Veja a si mesmo a partir do camarote

Benjamin Franklin, que se destacava por sua mentalidade altamente científica e prática, assim se manifestou em *Almanaque do pobre Richard*, há mais de dois séculos e meio: "Existem três coisas extremamente duras: aço, diamante e conhecer a si mesmo." O conselho dele era: "Observe todas as pessoas, principalmente você."

Ao observar a si mesmo e os outros em momentos de estresse, durante negociações e conflitos, você perceberá a facilidade com que as pessoas são atiçadas pelas palavras, pela entonação e pelas atitudes alheias. Em quase todas as disputas em que já fui mediador – conflitos conjugais, questões empresariais ou guerras civis –, o padrão é as pessoas se deixarem levar, reagindo a tudo e a todos. "Por que você o atacou?" "Porque ele me atacou primeiro." E assim por diante.

Quando reagimos, em geral caímos no que chamo de Armadilha ARE: *atacamos, recuamos ou nos esquivamos*, o que pode agravar o problema. Muitas vezes usamos uma combinação das três reações. Talvez comecemos nos esquivando ou recuando, mas, em pouco tempo, não nos conformamos com a situação e partimos para o ataque. Se o ataque não dá certo, mais uma vez nos esquivamos ou recuamos.

Nenhuma dessas reações comuns atende a nossos verdadeiros interesses. Depois que a reação luta ou fuga é disparada, o sangue flui do cérebro para os membros e nossa capacidade de pensar com clareza diminui. Esquecemos nossos propósitos e agimos de maneira contrária a nossos interesses. Ao simplesmente reagirmos, renunciamos ao nosso poder de influenciar a outra pessoa de maneira construtiva e de mudar a situação para melhor. Dizemos não ao que poderia nos beneficiar.

Mas temos escolha. Não precisamos reagir. Em vez disso, podemos aprender a nos observar. Em meus textos e aulas, enfatizo o conceito de *ir para o camarote*. O camarote é uma metáfora de um espaço racional e emocional em que você assume uma perspectiva abrangente e mantém a calma e o autocontrole. Se a vida é um palco e todos somos atores, o camarote de um teatro é um posto de observação privilegiado, de onde assistimos a todo o espetáculo com mais clareza. Para observarmos a nós mesmos, é importante ir para o camarote com frequência, antes, durante e depois de conversas ou negociações problemáticas.

Lembro-me de uma negociação política em que o presidente de um país gritou comigo durante quase 30 minutos, acusando-me de não perceber os truques da oposição. O que me ajudou a manter a calma foi tomar nota de meus pensamentos, sensações e emoções. *Interessante... Sinto o maxilar contraído. Estou detectando algumas expressões de medo. Minhas bochechas estão em chamas! Será que estou constrangido?* Reconhecer os sentimentos me ajudou a neutralizar o efeito emocional dos gritos. Eu simplesmente assistia à cena a partir do camarote, como se fosse um espectador. Depois de me recompor, consegui restabelecer a conversa com o presidente.

Sempre que você se sentir atiçado por um pensamento, uma emoção ou uma sensação, você tem uma escolha simples: *conscientizar-se* ou *deixar-se levar*. Ou você observa a manifestação disso e se conscientiza de sua existência ou se deixa levar por isso. Nomear os sentimentos facilita a conscientização. Quando você reconhece seus pensamentos, emoções ou sensações e identifica-os pelo nome – *Ah, esse é meu velho amigo Medo... Eis o Censor Interior* –, neutraliza o impacto deles em você e tem mais facilidade para manter o estado de equilíbrio e calma. Pode até dar apelidos curiosos às suas emoções reativas. (Aliás, o humor pode ser um grande aliado no esforço para adotar a visão a partir do camarote.) Ao batizar os personagens da peça, você se distancia deles e passa a observá-los de uma perspectiva mais ampla.

Essa observação de si mesmo para controlar suas reações é mais difícil do que parece, sobretudo no calor de uma conversa ou uma negociação conflituosa. "Eu me considero uma pessoa calma e fria, principalmente no trabalho, mas, às vezes, surpreendo-me sendo grosseiro com minha mulher. Por que será que não consigo me manter calmo com ela como no trabalho?", perguntou-me um executivo. Como no caso desse marido, quando nossas emoções explodem, com muita frequência "despencamos do camarote". Para nos tornarmos capazes de confiar na auto-observação para evitar reações impróprias, é muito importante exercitá-la todos os dias, como um músculo.

Recentemente, li o relato de uma mulher que se dizia frustrada por sua incapacidade de lidar com o filho de 4 anos. Charlotte queria muito transmitir calma e confiança, mas a resistência do menino a ir para a cama na hora estabelecida todas as noites despertava nela fortes reações. A história dessa mãe mostra como é difícil resistir à tentação de reagir e como a prática de observar a si mesmo pode nos ajudar a fazer melhores escolhas. Eis o que ela escreveu:

Fascinada com minha emotividade recém-descoberta e, ao mesmo tempo, temerosa, comecei a observar mais de perto o sentimento de raiva. Algumas vezes me vi na encruzilhada emocional em que um caminho leva à calma, à resolução desarmada, e o outro, à ira explosiva. E era difícil, muito difícil, não pegar esse segundo caminho. Nesses momentos, dar expressão à raiva parecia o que eu mais queria fazer; seu fascínio era profundamente poderoso e convincente.

Charlotte investigou com curiosidade a forte tentação de explodir com a criança e se percebeu na encruzilhada, o ponto em que podia ceder à raiva ou agir com calma. Se ficasse com raiva, o filho dela se afastaria numa reação de autoproteção. Se mantivesse a calma, poderia realizar o anseio básico de desenvolver uma relação estreita e de confiança com o filho. O que a ajudou a alcançar o estado de equilíbrio foi a capacidade de reconhecer o padrão reativo todas as noites e de notar que efetivamente tinha a opção de *não* reagir. Como Charlotte descobriu, a auto-observação é a base do domínio de si mesmo.

Faça essa experiência na vida real. Investigue os sentimentos e os padrões reativos que são desencadeados em você por um relacionamento problemático em casa ou no trabalho. Perceba a raiva, o medo e outras emoções perturbadoras que se manifestam à medida que você interage com as pessoas. Como Charlotte, aprenda a ir para o camarote, a observar essas emoções de longe e a descobrir como elas afetam seus sentimentos. Veja se consegue identificar suas encruzilhadas, o momento em que você pode escolher entre uma reação impulsiva e uma resposta ponderada, que contribua para a realização de seus interesses.

Para desenvolver o hábito da auto-observação, seja um *cientista de si mesmo*. Você é o pesquisador e o objeto da própria pesquisa. Abordar seus pensamentos e sentimentos com um espírito de investigação – como fez Charlotte ao analisar os sentimentos nela provocados pelo comportamento do filho – vai ajudá-lo a manter o equilíbrio e a calma. O domínio da capacidade de observação exige que, como bom cientista, você observe o fenômeno a certa distância e com a mente aberta. Também requer que suspenda qualquer forma de julgamento, na medida do possível.

É muito fácil julgar nossos pensamentos e emoções, considerá-los certos ou errados, bons ou maus. No sentido psicológico, porém, não há nada realmente errado no que sentimos ou pensamos. As ações podem ser erradas, mas não nossos pensamentos ou emoções. Quando incorporamos os cientistas de nós mesmos, simplesmente tratamos até os mais obscuros pensamentos e emoções como material de pesquisa interessante. Há uma pergunta simples, mas poderosa, que sempre me faço: "Isso não é *curioso?*" A pergunta cria uma distância de mim mesmo e abre o caminho para a investigação em vez de para o julgamento. À medida que, ao longo dos anos, fui cultivando a prática da auto-observação, passei a apreciar cada vez mais a máxima do filósofo indiano Jiddu Krishnamurti: "Observar sem avaliar é a mais alta forma de inteligência."

Uma maneira de praticar a observação sem julgamento é reservar 5 ou 10 minutos por dia para sentar-se tranquilamente em posição confortável, fechar os olhos e simplesmente assistir à passagem dos pensamentos e emoções, quase como se estivesse observando o desfile das nuvens no céu. Caso você se detenha num pensamento ou sentimento, ou mesmo que se inflija algum julgamento rigoroso demais, considere essas ocorrências perfeitamente normais. Simplesmente constate o incidente e vá adiante. Quanto mais você se envolver nesse exercício de atenção plena, mais fácil se tornará a sua aplicação. Aos poucos, você vai se familiarizar com o funcionamento da própria mente.

Imagine um copo que você acabou de encher com água de uma torneira com bastante pressão. O líquido ainda está agitado e turvo, e mal se vê através dele. Mas as borbulhas logo se dissipam e a água se torna transparente. É isso que tentamos fazer aqui com a mente: deixar passar a agitação e ver o que está acontecendo em nosso interior. Antes de um telefonema ou de uma reunião difícil, gosto de desfrutar de pelo menos um minuto de silêncio comigo mesmo. Um minuto sozinho, com os olhos fechados, ajuda-me a observar meus pensamentos, emoções e sensações e a tranquilizar a mente, para que eu possa me concentrar com mais intensidade na conversa. É uma técnica fácil, acessível a qualquer momento.

A auto-observação durante situações de conflito é um desafio, mas, com a prática, você melhora cada vez mais. O ideal é que o camarote não seja um ponto de observação a que você vai apenas de vez em quando, mas uma base operacional a que sempre retorna. Em suas interações com os outros, você pode aprender a representar no palco e, ao mesmo tempo, a assistir ao drama a partir do camarote. Isso exige prática, evidentemente, mas quanto mais você for capaz de viver a vida com clareza e calma, melhor será o seu relacionamento com os outros e mais eficiente será sua busca de realização de seus interesses. O método do sim interior o ajudará a ir para o camarote quando quiser, a ficar lá quanto tempo desejar e a negociar dessa perspectiva privilegiada.

Ouça com empatia

Os psicólogos estimam que temos de 12 mil a 60 mil pensamentos por dia. A maioria deles – nada menos que 80% – é considerada negativa: obsessão com erros e incapacidades, culpa, arrependimentos recorrentes, etc. Para algumas pessoas, a voz hostil do censor interior é mais forte; para outras, é mais discreta; mas ninguém está imune a esse assédio. "Eu disse a coisa errada!", "Como pude ter sido tão cego!", "Dei uma mancada terrível!". Cada pensamento negativo é um *não* para si mesmo. Diz o ditado: "Se você falasse com os amigos como fala consigo mesmo, não teria amigo nenhum."

O autojulgamento pode ser a maior barreira ao autoconhecimento. Não há melhor maneira de conhecer os outros que ouvi-los com empatia, como fazem os amigos mais chegados. Se você quer compreender a si mesmo, aplique a mesma regra: ouça a si mesmo com empatia. Em vez de se recriminar, tente se escutar com respeito e com atenção positiva. Em vez de se julgar, aceite-se como você é.

Ouvir a si mesmo com empatia é mais profundo que apenas se observar. Observar é *ver de fora*, enquanto ouvir é *sentir por dentro*. Observar proporciona uma visão à distância, enquanto ouvir oferece uma compreensão íntima. A observação gera a mesma compreensão de um cientista que examina um inseto ao microscópio, ao passo que ouvir com empatia gera a compreensão de como é ser um inseto. Mas você não precisa escolher entre um e outro tipo de investigação. Os antropólogos descobriram que a melhor maneira de compreender uma cultura estrangeira é participar dela ativamente e, ao mesmo tempo, manter a perspectiva de observador externo. Esse método, denominado observação participativa, é igualmente útil quando se trata de compreender melhor a nós mesmos.

Quando me ouço, percebo que quase todas as minhas emoções problemáticas são as mesmas todos os dias. Por exemplo, uma ansiedade que aparece com regularidade tem a ver com a lista de tarefas diárias que só parece aumentar: *Conseguirei fazer tudo isso?* Para compreender e reduzir a intensidade dessas emoções recorrentes, passei a praticar um exercício diário: de manhã, imagino-me sentado diante de uma mesa de jantar. À medida que surge cada pensamento ou emoção familiar – ansiedade ou medo, vergonha ou orgulho –, ofereço-lhe um assento imaginário. Aprendi a receber de bom grado todos os visitantes, sem exceção. Procuro tratá-los como os velhos amigos e conhecidos que são. Enquanto a mesa se enche, ouço a conversa espontânea dos pensamentos e emoções.

E quanto ao juiz interior? Também lhe ofereço um lugar à mesa de jantar. Se tento eliminá-lo ou excluí-lo, ele simplesmente se oculta em algum lugar e continua a julgar do esconderijo. O melhor método é simplesmente admiti-lo como um dos personagens regulares da minha vida. Passei até a ter por ele a mesma consideração que dispensaria a um velho tio que pensa que está tentando me proteger, quando, na verdade, não faz outra coisa senão se intrometer. Aceitá-lo talvez seja a melhor maneira de controlá-lo.

No mínimo, o exercício da mesa de jantar me mantém atento à presença desses visitantes assíduos, o que diminui a probabilidade de que me peguem de surpresa e me dominem. Com ele, aprendi, principalmente, a ouvir emoções ou pensamentos sombrios que, em condições normais, eu poderia rechaçar ou estigmatizar. A raiva é um deles. Descobri que, quando não me conscientizo de que estou com raiva e não ouço seus motivos, ela pode escapar de uma maneira destrutiva quando menos espero – por exemplo, durante uma conversa delicada com minha esposa.

Jamil Mahuad, ex-presidente do Equador e meu colega em Harvard, certa vez me disse como aprendeu aos poucos a lidar com as emoções dolorosas, colocando-as sob os refletores. "A tristeza não era bem recebida pelos homens de minha família. Quando alguns de meus ancestrais se sentiam realmente tristes, eles rejeitavam a emoção, expressando raiva", explicou. "Eu tinha a mesma dificuldade. Ainda não é fácil para mim me relacionar com a dor, com a aflição. Ao reconhecê-las, porém, você começa a incorporá-las ao que você é." Ao lançar luz sobre suas emoções dolorosas, Jamil conseguiu controlar a raiva e agir da perspectiva do camarote quando precisou conduzir uma difícil negociação de paz com o presidente do Peru, acabando com a disputa territorial mais duradoura do hemisfério ocidental.

Lembre-se de que ouvir não é um exercício apenas intelectual, mas também uma manifestação emocional e física. Por exemplo, quando você estiver com medo, tente sentir esse medo em seu corpo. Qual é a sensação física? É gelada? Parece que tem um buraco no estômago? A garganta fica seca? Identifique essas percepções e se concentre nelas durante alguns instantes, sem rechaçá-las. Tente relaxar e explorar a sensação de medo. Aspire-a, se possível, para, em seguida, expirá-la lentamente, como se estivesse liberando-a.

Se esse hábito de ouvir a si mesmo profundamente parece estranho ou muito difícil, pense em pedir a um amigo – ou mesmo a um terapeuta ou coach – para ouvi-lo, até que você crie o hábito de ouvir a si mesmo. Ou escreva um diário. Anotar meus pensamentos e emoções, mesmo que apenas durante alguns minutos por dia, mantém minha perspectiva de camarote e me ajuda a descobrir padrões que eu não veria normalmente, na correria do dia a dia. Experimente esse exercício e você começará a se ver e se ouvir com mais clareza e a se entender melhor.

Um dos grandes benefícios de ouvir a si mesmo antes de iniciar uma conversa ou negociação problemática é clarear a mente de modo a poder ouvir os outros com muito mais facilidade. Não é de hoje que ensino os clientes a ouvir, como uma das principais habilidades de negociação, e tenho percebido como isso é difícil para as pessoas, sobretudo em situações conflituosas. Será que todas essas emoções e reflexões ignoradas, que entulham a mente e clamam por atenção, não estão sendo de fato o principal obstáculo ao entendimento e à conciliação?

Descubra suas necessidades

Se você ouvir os próprios sentimentos, sobretudo os repetitivos, de insatisfação, descobrirá que eles apontam diretamente para seus interesses e reivindicações. Se forem interpretados corretamente, poderão ajudá-lo em suas necessidades mais profundas.

Na velha história do rei Artur, um jovem cavaleiro da corte parte com entusiasmo em busca do Santo Graal, ou Cálice Sagrado. Depois de alguns meses de busca, ele se depara nos bosques com a aparição de um grande castelo. Ao entrar, encontra um velho rei ferido ao lado de seus cavaleiros e, sobre a mesa de jantar, um cálice de prata, o próprio Graal. O jovem cavaleiro, no entanto, se mantém calado. Enquanto busca palavras para dizer ao rei, o castelo desaparece subitamente e ele se vê sozinho na floresta, desconsolado.

O cavaleiro persiste na busca durante muitas décadas, sem sucesso, até que um dia desponta diante dele o castelo que aparecera nos bosques. O cavaleiro entra e vê o mesmo rei e, sobre a mesa, o Graal. Agora, muito mais maduro e sábio, o cavaleiro, instintivamente, encontra as palavras certas. Faz, então, ao velho rei uma pergunta simples e decisiva: "O que está lhe causando dor?" À medida que o cavaleiro ouve as aflições do rei e compreende suas necessidades mais profundas, é desenvolvida uma amizade entre os dois e, impelido por essa conexão humana, o rei dá ao cavaleiro o tão procurado Graal.

Esse é o poder de formular a pergunta certa. Todos podemos aprender com o cavaleiro e tentar descobrir o que está nos fazendo sofrer. Em que áreas de sua vida você não está feliz ou plenamente satisfeito? É uma questão de trabalho ou dinheiro, família ou relacionamentos, saúde ou bem-estar? Suas necessidades se comunicam com você através dos sentimentos de insatisfação. Quando elas não são atendidas, é natural sentir ansiedade, medo, raiva ou tristeza. Esses são sintomas, mas quais seriam as necessidades latentes? O que você mais deseja? Quais são suas motivações mais profundas? Se conseguir compreendê-las, terá uma probabilidade maior de satisfazê-las.

Fui mediador em uma acirrada guerra civil que se travava nas selvas de Sumatra havia 25 anos. Em uma reunião com os líderes do movimento rebelde, perguntei-lhes o que *realmente* queriam. "Conheço a *posição* de vocês neste conflito. Vocês querem independência", esclareci. "Eu gostaria, porém, que me falassem mais sobre seus *interesses*. *Por que* querem independência?" Ainda me lembro do silêncio constrangedor que se seguiu enquanto eles se esforçavam para responder a essa pergunta fundamental.

Estariam eles lutando principalmente por motivos políticos, para terem um governo próprio? Ou por motivos econômicos, como o controle sobre os recursos naturais do país? Seria por motivos de segurança, como a capacidade de se defender contra ameaças físicas? Ou por motivos culturais, como o direito à educação na própria língua? Se estivessem lutando por mais de uma razão, qual seria a ordem de prioridade? A verdade que aos poucos se revelou foi que, embora fossem muito claros quanto ao objetivo – independência –, não demonstravam a mesma clareza quanto às motivações mais profundas dessa busca. Milhares de pessoas haviam morrido na luta, mas os líderes ainda não tinham definido as verdadeiras razões subjacentes.

Em minha experiência com negociações, descobri que quase sempre as pessoas conhecem sua *posição*: "Quero um aumento salarial de 15%." Em geral, porém, elas não refletem em profundidade sobre seus *interesses* – seus desejos, necessidades, preocupações, medos e aspirações. Querem aumento porque estão interessadas em obter reconhecimento, equiparação, desenvolver a carreira, satisfazer necessidades materiais ou uma combinação de tudo isso?

Em qualquer negociação, a pergunta mágica para revelar seus verdadeiros interesses e necessidades é: por quê? *Por que* eu quero isso? Faça essa indagação a si mesmo quantas vezes for preciso até chegar à verdadeira necessidade básica. Quanto mais fundo chegar nessa investigação, maior será a probabilidade de encontrar soluções criativas para atender aos seus interesses. No exemplo do aumento salarial, se seu interesse for reconhecimento, mesmo que seu chefe não possa conceder o reajuste por restrições orçamentárias, você ainda pode se satisfazer com um novo cargo ou com uma atribuição de prestígio. A descoberta das necessidades abre novas possibilidades que talvez nem tivessem lhe ocorrido antes.

No caso da guerra civil, meus colegas e eu sondamos profundamente a reivindicação de independência dos rebeldes e suas necessidades básicas. Comecei a anotar as respostas deles em um quadro: governo próprio, controle dos recursos econômicos, preservação da cultura e da língua, e assim por diante. A pergunta seguinte que fiz foi: "Que estratégia vai atender melhor aos seus interesses? Seria prosseguir com a guerra?" Os comandantes rebeldes logo reconheceram que, como o exército do governo era forte, eles não conseguiriam a vitória nem em 10 anos. "Ou seria constituir um partido político e candidatar-se ao governo?"

O movimento rebelde demorou alguns anos debatendo a questão para finalmente adotar a segunda alternativa. Então negociou um acordo de paz que lhe garantiu autonomia, controle sobre os recursos naturais e direitos culturais. Quando as eleições provinciais foram realizadas, os comandantes rebeldes foram eleitos governador e vice-governador. Embora não tenham conquistado a independência, promoveram, ainda assim, seus interesses estratégicos. Esse é o poder de identificar e focar as verdadeiras necessidades.

Quanto mais nos aprofundamos na investigação de nossas necessidades básicas, mais universais elas tendem a se tornar:

"Por que você quer um aumento de salário?"
"Para ter mais dinheiro."
"Por que você quer mais dinheiro?"
"Para me casar."
"Por que você quer se casar?"
"Porque isso me trará amor."
"Por que você quer amor?"
"Para ser feliz, é claro."

O desejo fundamental, portanto, é universal: ser amado e ser feliz. Por mais óbvio que pareça, porém, revelar esse desejo universal realmente pode abrir uma nova linha de investigação interior. Se não receber o aumento salarial no nível desejado, ainda assim você pode ser feliz? A sua felicidade depende do salário melhor – ou até do casamento – ou seria a satisfação com a vida algo mais profundo, que vem de dentro? A pergunta não é improcedente. À medida que você conseguir experimentar o amor e a felicidade que vêm de dentro, não de fontes externas, maior será a probabilidade de encontrar amor e felicidade com ou sem aumento salarial, com ou sem casamento.

Entre nossas necessidades psicológicas básicas, duas se destacam: *proteção*, ou segurança, e *conexão*, ou amor. O que fazer para nos proteger e nos conectar? Como a vida é, por natureza, insegura e como o amor, por vezes, é insuficiente, nem sempre é fácil atender plenamente a essas duas necessidades. Mas podemos iniciar o processo.

Do autojulgamento ao autoconhecimento

Por mais objetivo e natural que pareça, nem sempre é fácil se colocar no seu lugar – ver a si mesmo a partir do camarote, ouvir-se com empatia e descobrir suas necessidades básicas. A jornada do autojulgamento para o autoconhecimento exige trabalho duro e constante.

Voltando ao exemplo do meu cliente Abilio Diniz, mesmo após ter descoberto sua necessidade mais profunda – liberdade –, ele deparou com muitas dificuldades internas no caminho. Pouco depois de nossa conversa, o empresário deu uma longa entrevista a uma revista, em que enfatizou que estava olhando para além da batalha com os sócios, no intuito de viver a própria vida. Na introdução à matéria, porém, o entrevistador observou que, durante a conversa, Abilio mencionara o nome completo do adversário 38 vezes, comportamento que de modo algum sugeria que ele realmente estivesse virando a página. Na semana seguinte, Abilio participava de uma reunião do conselho de administração da organização e, apesar da intenção expressa de se manter calmo, sentiu-se provocado e reiteradamente chamou os adversários de covardes. Por mais que tentasse, ele não conseguiu ficar no camarote.

Quando conversei novamente com Abilio – que já era mais que um cliente, pois, ao longo de nosso trabalho conjunto, se tornara um amigo –, ele me disse: "A verdade é que ainda estou furioso. O que posso fazer? Não sei o que realmente quero. Às vezes é terminar a disputa e outras vezes é levar a briga adiante. Acho que não tenho escolha a não ser continuar lutando. Talvez eu deva simplesmente desfrutar do processo."

Chegar ao sim com você mesmo muitas vezes é complicado, como foi o caso de Abilio Diniz. Nas situações problemáticas que enfrentamos no trabalho, em casa ou na vida em geral, é comum nos sentirmos divididos e indecisos, e é fácil continuar a reagir. Por isso a prática persistente e corajosa de se colocar no *seu* lugar é tão importante.

Abilio persistiu. Tinha longas conversas francas sobre o dilema com a esposa, a família e comigo. Fazia terapia uma vez por semana para trazer à tona seus sentimentos mais sombrios. Lutou contra seu temperamento e, com dedicação e disciplina, aprendeu a passar mais tempo no camarote. Compreendendo-se e aceitando-se como era, tornou-se seu aliado, deixando de ser seu pior oponente.

Por mais desafiador que tenha sido para ele mergulhar nesse trabalho psicológico de descobrir o que realmente queria para então chegar a um acordo consigo mesmo, as recompensas, no final das contas, valeram a pena: ele tomou sua vida de volta. Mesmo antes de nos encontrarmos com seus adversários na mesa de reuniões, Abilio promoveu medidas concretas para buscar a liberdade. Tornou-se presidente do conselho de administração de outra grande empresa, estabeleceu-se em um novo escritório fora da sede social, partiu em longas férias com a família e começou a explorar novos negócios. Em outras palavras, ele disse *sim* às suas necessidades. Esse *sim* para si mesmo abriu a possibilidade de procurar os adversários para uma negociação genuína, em que nenhum dos lados perdesse. E isso fez toda a diferença, como veremos adiante.

Conforme sugere essa história, colocar-se no *seu* lugar o ajuda a agir como seu amigo, em vez de como seu oponente, na hora de negociar com os outros. Leva você não só a compreender melhor a si mesmo, mas também a se aceitar como é. Se o autojulgamento é um *não* para si mesmo, a autoaceitação é um *sim*, talvez o maior presente que podemos nos oferecer. Alguém poderia argumentar que aceitar-se como é diminui a motivação para fazer mudanças positivas, mas descobri que, em geral, o oposto é verdadeiro. A aceitação pode gerar o senso de segurança com o qual nos tornamos mais capazes de enfrentar um problema e resolvê-lo. Conforme observou Carl Rogers, um dos fundadores da psicologia humanista, "se há um paradoxo curioso é que, quando me aceito como sou, eu mudo".

Agora que você se colocou no *seu* lugar e descobriu as suas necessidades, a pergunta natural a fazer é: onde encontrar o poder para atender a essas necessidades? Este é o próximo desafio para chegar ao sim com você mesmo.

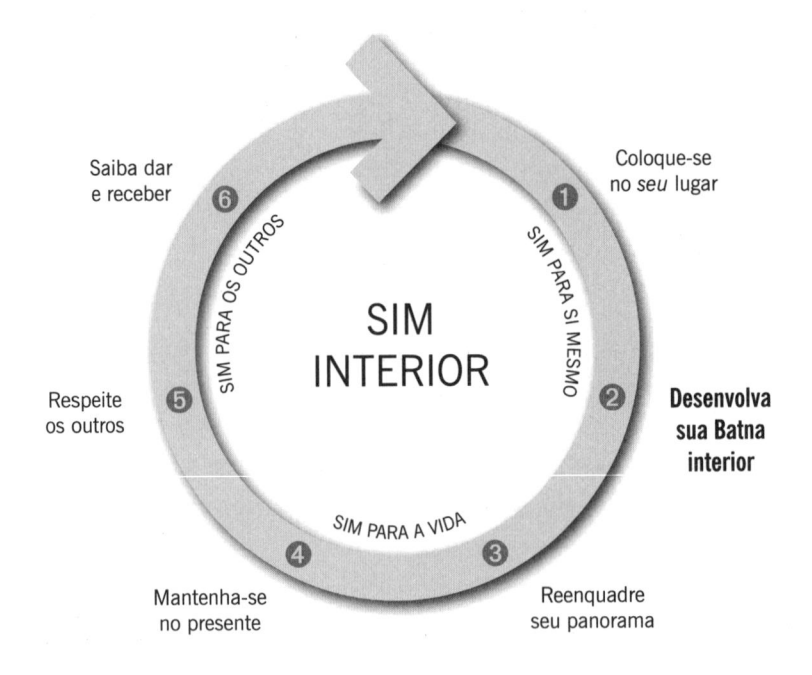

```
                    SIM INTERIOR

        Saiba dar                    Coloque-se
        e receber  ⑥                 no seu lugar
                          ①
                  SIM PARA OS OUTROS
                                  SIM PARA SI MESMO

        Respeite   ⑤                              Desenvolva
        os outros                    ②            sua Batna
                                                  interior
                     SIM PARA A VIDA
                        ④       ③
                  Mantenha-se    Reenquadre
                  no presente    seu panorama
```

CAPÍTULO 2

Desenvolva sua Batna interior

DA CULPA À RESPONSABILIDADE

Vi muita gente ceder o último bocado de comida, o último gole de água a outras pessoas necessitadas para saber que ninguém pode nos privar da derradeira liberdade humana – a liberdade de escolher o próprio caminho, em quaisquer circunstâncias.

— DR. VIKTOR FRANKL,
Em busca de sentido, sobre suas experiências
em campos de concentração nazistas

Em meados da década de 1980, ajudei a promover uma série de conferências entre altos assessores políticos soviéticos e americanos sobre a questão de como evitar uma guerra nuclear. A época era tensa e as acusações ricocheteavam de um lado para outro entre as duas superpotências. Em qualquer reunião, a primeira parte sempre consistia em uma sessão de lavagem de roupa suja, com ataques e argumentos defensivos entre os contendores. O confronto envenenava a atmosfera e consumia um tempo valioso. Na terceira ou quarta conferência, meus colegas e eu tentamos uma tacada diferente. Na pauta impressa, incluímos como primeiro item da ordem do dia "Acusações mútuas", e o programamos para antes do café da manhã, para quem quisesse aparecer. Todos captaram o espírito da iniciativa.

O jogo da culpa é o padrão central de quase todos os conflitos destrutivos que testemunhei. O marido acusa a esposa e vice-versa. A administração recrimina o sindicato e vice-versa. Um inimigo político condena o outro e vice-versa. A atribuição de culpa geralmente desperta sentimentos de raiva ou vergonha no outro, provoca reações de defesa, e assim por diante.

É grande a tentação de culpar as pessoas com quem estamos em litígio. "Foi a outra parte que começou, é claro." Atribuir culpa a alguém nos faz sentir inocentes, afinal, nós é que fomos injustiçados. Nós nos consideramos virtuosos e até superiores. E fazer acusações também anula qualquer culpa residual de que sejamos acometidos. Os benefícios emocionais são evidentes.

Conforme constatei, porém, em inúmeras disputas ao longo dos anos, os custos do jogo da culpa são enormes. Agrava as divergências e dificulta a conciliação, sem necessidade. Envenena as relações e desperdiça tempo e energia inestimáveis. E talvez o mais insidioso dos efeitos seja enfraquecer o nosso poder: quando culpamos os outros pelo que está errado no relacionamento – seja em brigas conjugais, em enfrentamentos no escritório, seja em embates entre superpotências – estamos enfatizando o poder alheio e nos fazendo de vítimas. Desprezamos nossa contribuição para o conflito e ignoramos nossa liberdade de escolher como reagir. Negamos nosso próprio poder.

Se quisermos chegar ao sim com os outros, em especial nas situações mais difíceis que enfrentamos todos os dias, precisamos encontrar uma maneira de superar o jogo da culpa, recuperando nosso poder de mudar a situação para melhor.

Enquanto eu trabalhava no problema de evitar crises nucleares entre Estados Unidos e União Soviética, estudava gestão de crises em outras áreas da vida, como nos negócios. Na época, o exemplo mais impressionante de atuação bem-sucedida em um acontecimento terrível foi a maneira como a empresa farmacêutica Johnson & Johnson respondeu à crise do Tylenol, em 1982. Hoje, a reação da empresa é um estudo de caso clássico, mas, na época, a abordagem foi realmente inovadora e surpreendente.

O destaque dos noticiários nos Estados Unidos, dia após dia, durante semanas, foi a morte por envenenamento de seis adultos e uma criança que haviam ingerido Tylenol contaminado com cianeto, na área de Chicago. Ninguém sabia quem havia manipulado as embalagens e injetado veneno nas cápsulas. James Burke, presidente da empresa, enfrentou o dilema de como responder à crise. O Tylenol era o produto mais lucrativo da empresa, responsável por 37% das vendas de analgésicos sem receita médica no país.

Muitos especialistas foram contra o recall nacional, ou seja, o recolhimento do produto em todo o país, argumentando que o incidente se limitara à área de Chicago e que o envenenamento não fora culpa da Johnson & Johnson. Burke e outros executivos, porém, recusaram-se a escolher o caminho mais fácil de não assumir a parte que lhes cabia pela segurança dos clientes. Em vez disso, consideraram-se os únicos responsáveis pelo problema, promoveram a retirada total do Tylenol das prateleiras dos pontos de venda em todo o país e dispuseram-se a trocar todas as cápsulas de Tylenol já adquiridas pelos consumidores. Estima-se que essa decisão, anunciada quase imediatamente após a notícia das mortes, tenha custado à empresa 100 milhões de dólares.

Todos pensaram que não havia como a marca Tylenol se recuperar de um desastre tão notório. No entanto, meses depois o produto voltou ao mercado com o mesmo nome e as mesmas características, mas numa nova embalagem resistente a manipulações, e conseguiu uma recuperação surpreendente em vendas e participação de mercado. A crise que poderia muito bem ter resultado em uma queda devastadora na confiança do público veio a confirmar a integridade e a credibilidade da Johnson & Johnson aos olhos dos consumidores.

O oposto de jogar a culpa é assumir a responsabilidade. Por mais desafiador e custoso que tenha sido para os executivos da Johnson & Johnson se apresentarem como responsáveis pelo erro fatal, eles sabiam que essa é a essência da verdadeira liderança. E as recompensas foram grandes: a atitude deles tornou possível chegar ao *sim* com os consumidores graças à recuperação da confiança dos profissionais de saúde, pacientes e outras partes interessadas.

Depois que você abandonar o jogo da culpa e assumir a responsabilidade, ficará muito mais fácil chegar ao sim com os outros. O verdadeiro trabalho, porém, começa dentro de si mesmo. Quando você se torna responsável pela sua *vida* e pelos seus *relacionamentos*, está assumindo o compromisso incondicional de cuidar das próprias *necessidades*.

Seja dono de sua vida

Quem é realmente responsável por nossa vida? À primeira vista, é uma pergunta simples, mas a resposta é mais esquiva ou enganosa do que pode parecer. Embora saibamos conscientemente que *somos* responsáveis por nossas palavras, por nossas ações e até por nossas reações, muitas vezes nos perguntamos como chegamos a determinado ponto na vida e em geral encontramos a resposta em fatores externos: "Não estou onde gostaria de estar em minha carreira porque meu chefe me odeia e impediu o meu progresso." "Não posso viajar porque não tenho dinheiro." "Moro aqui e não na cidade onde gostaria de viver porque minha família me pressionou a não me mudar." Em outras palavras, a decisão não teria sido nossa; a culpa é de outra pessoa ou de circunstâncias externas.

Lembro-me da história de Sam, um jovem amigo meu que vivia se metendo em acidentes de carro. Primeiro, ele destruiu irrecuperavelmente o carro de passeio da família. Depois, o jipe. Em seguida, o próprio carro. Por sorte, nem ele nem ninguém se feriu. Em cada uma dessas ocasiões, ele ficava furioso e atribuía o acidente a causas fora de seu controle – o outro motorista, as condições da estrada, a má sinalização. Para Sam estava claro que *ele* não era o responsável. A sucessão de acidentes e a negligência de Sam estavam assustando os pais e geraram uma situação de ansiedade e conflito na família.

Finalmente, depois de observar a si mesmo com atenção e de ouvir seus sentimentos, Sam concluiu que o padrão repetitivo de acidentes poderia estar relacionado à direção agressiva. Examinando-se mais profundamente, ele veio a compreender como essa tendência agressiva decorreu de sentimentos reprimidos de insegurança e raiva. Essa conscientização o levou a assumir plena responsabilidade pela violência ao volante e pelos acidentes daí resultantes, mesmo pelos que pareciam inevitáveis e atribuíveis a outros fatores.

Talvez o mais importante, Sam compreendeu que ele – e só ele – era responsável por sua vida e pelo que acontecia nela. Depois de chegar ao sim consigo mesmo dessa maneira, ele finalmente chegou ao sim com os pais. E, como era de esperar, o padrão de reiterados acidentes foi interrompido de maneira definitiva.

Esse é o poder da autorresponsabilidade quando associada ao autoconhecimento.

O autoconhecimento sem autorresponsabilidade pode descambar para a autocomiseração, que é sentir pena de si mesmo. Para chegar ao sim com você mesmo, você precisa de ambos. Como deixa claro a história de Sam, quando você se coloca no *seu* lugar obtém o autoconhecimento necessário para, em seguida, se tornar capaz de assumir a responsabilidade por sua vida e por suas ações.

Ser responsável por sua vida significa reconhecer os próprios defeitos e fracassos, assim como os próprios méritos e sucessos. Precisa-se de honestidade e coragem para agir assim, mas só então você poderá afirmar que se colocou de fato no *seu* lugar. Embora a autorresponsabilidade muitas vezes se confunda com a autoacusação, trata-se, na verdade, de atitudes opostas. Culpar a si mesmo é uma atitude em retrospectiva, que olha para trás, julgando o passado: "Aquele foi um dos piores fracassos da minha vida!" Já a atitude de tornar-se responsável por si mesmo é basicamente prospectiva, olha para a frente, em busca de soluções ou resultados: "Como resolver esse problema? Como realizar esse objetivo?"

Se a vida é uma peça teatral, talvez você não seja o autor, mas pode ser o diretor. Podemos atuar na peça como quisermos, representando o papel de vítimas do destino ou de construtores do futuro. Embora estejamos sujeitos a acidentes, cada um de nós é o protagonista, o ator principal do próprio enredo: nem sempre temos condições de determinar as circunstâncias, mas sempre somos capazes de escolher como reagir a elas.

Quando meu amigo Jerry White cursava a universidade em Jerusalém, ele fez uma excursão às Colinas de Golã e pisou numa mina terrestre, remanescente da Guerra dos Seis Dias. Perdeu a perna – e por pouco não perdeu a vida. Enquanto se recuperava num leito de hospital, com seus sentimentos se alternando entre a mágoa, a raiva, a amargura e a autocomiseração, um soldado deitado em uma cama próxima à dele lhe disse: "Jerry, essa será a pior ou a melhor coisa que já lhe aconteceu na vida. Você decide."

Jerry ouviu o conselho do soldado e optou por não se acomodar no papel de vítima, culpando os outros e a vida por suas dificuldades. Preferiu, em vez disso, responsabilizar-se e mudar as circunstâncias. "Não gostei daquela imagem de mim mesmo – daquele Jerry amargo e reclamão, que deixou que um grave infortúnio estragasse o resto de sua vida", escreveu Jerry em seu livro inspirador *I Will Not Be Broken* (Eu não vou sucumbir). "Ainda restava uma vida a ser vivida – a minha vida – e, mesmo que eu tivesse que pular numa perna só, rolar ou rastejar, eu a viveria." Jerry disse *sim* a si mesmo e à vida.

Nem sempre foi fácil para ele, mas Jerry reagiu ao acidente vivendo para servir. Ele fundou o Survivor Corps, uma rede global de sobreviventes de minas terrestres, com o objetivo de ajudar vítimas da guerra e do terror. A organização desempenhou um papel crucial na Campanha Internacional para Proibir Minas Terrestres, ganhadora do Prêmio Nobel. Desde então, Jerry ingressou no serviço público, trabalhando para resolver conflitos em todo o mundo. Chegar ao sim consigo mesmo o ajudou a chegar ao sim com os outros – e, na verdade, o trabalho de sua vida converteu-se em ajudar sociedades inteiras a chegar ao sim.

Jerry mudou a maneira como se via na peça – do papel de vítima impotente para o papel de líder confiante. Como ele, todos nós temos a capacidade de reformular a pergunta norteadora "De quem é a culpa do que aconteceu comigo?" para "O que posso aprender com isso?". A melhor atitude diante das adversidades é ter a curiosidade de indagar o que a vida está nos ensinando. Se preferirmos não enfrentar determinado desafio, ainda assim temos poder de escolha, pois podemos optar por superar o obstáculo em vez de nos deixar abater.

Embora, em termos objetivos, sejamos capazes de controlar apenas parte das circunstâncias, ainda exercemos um domínio considerável sobre nossas *experiências*. A exemplo de Jerry, podemos escolher como interpretar o que acontece conosco, por pior que seja a realidade, e isso influenciará diretamente nossas percepções e nossas reações. Se um projeto fracassa, temos duas opções: culpar os outros e alimentar o ressentimento ou aproveitar a oportunidade para aprender com o revés e iniciar um novo projeto. Se somos abandonados pela pessoa que amamos, podemos culpá-la e permitir que isso defina nossa experiência ou então ouvir nossos sentimentos, aceitá-los, assumir a responsabilidade pela própria vida e seguir em frente.

Talvez ninguém tenha expressado com mais clareza a verdade de nosso poder de escolha que o Dr. Viktor Frankl no livro *Em busca de sentido*, um relato doloroso do que viveu em Auschwitz, Dachau e outros campos de concentração nazistas. Conforme ele aprendeu da maneira mais difícil, mesmo quando somos totalmente desprovidos de liberdade, ainda somos livres para conferir à experiência o significado que escolhermos. Em meio a um sofrimento inimaginável, ele assumiu a responsabilidade pela própria vida e, além disso, ajudou outras vítimas ainda mais carentes, compartilhando o pouco que tinha. Em uma situação na qual aparentemente não lhe restava qualquer poder, ele recuperou a capacidade de comandar seu destino.

São o jogo da culpa e a falta de responsabilidade que nos mantêm aprisionados como vítimas. No momento em que reconhecemos que estamos numa prisão que nós mesmos criamos, desperdiçando uma energia valiosa no esforço de culpar os outros e a nós mesmos, as paredes e as grades começam a ruir e nós enfim nos libertamos. Somente quem é dono da própria vida pode viver em plenitude.

Seja dono de seus relacionamentos

Se o jogo da culpa pode ser visto na raiz da maioria dos conflitos mais problemáticos, assumir a responsabilidade pelos relacionamentos é uma atitude que determina a maioria das resoluções realmente bem-sucedidas.

Pense em algum relacionamento conturbado que você tem hoje, em casa, no trabalho ou em outro contexto social. Já se sentiu tentado a culpar a outra pessoa e se pôr no papel de vítima? É muito comum culpar o outro pelos aspectos negativos da relação. Como sabemos, porém, qualquer relacionamento – e qualquer conflito – tem pelo menos duas partes.

Em seu livro *Passionate Marriage* (Casamento apaixonado), o psicólogo David Schnarch expõe o caso de uma cliente, Susan, uma mulher com uma intensa necessidade de se comunicar e se relacionar com os outros, que se sentia infeliz no casamento com Frank. Na opinião dela, eles dois conversavam muito pouco.

Durante anos, Susan criticou esse comportamento, porém, quanto mais insistia em que o marido falasse mais com ela, mais ele se fechava em sua concha. Ela achava que ele era culpado por não conseguirem superar essa dificuldade no relacionamento conjugal. Também estava irritada e frustrada, pois não conseguia chegar ao sim com o marido.

Com a ajuda de um terapeuta, Susan foi capaz de se colocar no seu lugar e aprendeu a se conhecer melhor e a se aceitar como era – alguém que queria se conectar profundamente com outras pessoas, conversando e compartilhando sentimentos. Aprendeu em seguida a compreender o marido – alguém que não gostava de fazer essas mesmas coisas. Finalmente, ela percebeu como havia contribuído para a dinâmica negativa, reconhecendo que suas cobranças contínuas apenas agravaram a introversão de Frank. O fato é que Frank sofrera muitos traumas na infância e não se sentia à vontade para se abrir com os outros. Na verdade, quanto mais Susan o criticava, menos seguro ele se sentia e mais se fechava.

As falhas e os defeitos dos outros devem ser considerados problemas deles, não seus. O seu desafio está na forma como vai reagir a eles. Você pode optar por reconhecer sua contribuição para o relacionamento problemático, como fez Susan. Mesmo que a sua contribuição lhe pareça relativamente pequena, sobretudo quando comparada com a da outra pessoa, ainda assim faz diferença. Não se trata de culpar a si mesmo, mas de se dar conta de que você é parte do relacionamento e do desentendimento. Em vez de se perder no jogo da culpa, é mais proveitoso reconhecer que quando um não quer dois não brigam, e que basta uma parte para começar a mudar o relacionamento. Ao assumir a responsabilidade por seu relacionamento, você recupera o poder de transformá-lo.

Tornar-se responsável por seus relacionamentos também significa reconhecer quando suas palavras ou ações provocaram danos ou mágoas. Em meu trabalho como mediador de conflitos, presenciei muitas vezes o poder da desculpa sincera para ajudar a cicatrizar feridas. Lembro-me de uma ocasião em que eu facilitava uma reunião confidencial na Europa entre formadores de opinião turcos e curdos, numa época em que a guerra civil assolava a Turquia. Um general turco aposentado pediu para falar: "Como ex-líder das forças armadas da Turquia, quero reconhecer o sofrimento de inúmeros aldeões curdos durante esta guerra terrível. Sei que muitos inocentes morreram ou foram feridos. E lamento profundamente." A tensão na reunião era grande, mas essa declaração sincera mudou a atmosfera de maneira drástica e acabou abrindo o caminho para um acordo: todas as partes se comprometeram a trabalhar juntas pelo fim da guerra. O fato de o general ter assumido espontaneamente, perante a outra parte, as próprias ações e o papel que desempenhou no conflito, antes de se desculpar, foi crucial para o entendimento mútuo.

Seja dono de suas necessidades

Em *Como chegar ao sim*, Roger Fisher e eu argumentamos que a maior fonte de poder numa negociação é sua Melhor Alternativa a um Acordo Negociado, também conhecida pela sigla em inglês Batna – *Best Alternative To a Negotiated Agreement*. Sua Batna é o curso de ação mais eficaz para atender a seus interesses caso não possa chegar a um acordo negociado com o outro lado. Se você estiver negociando uma nova oferta de emprego, por exemplo, sua melhor alternativa talvez seja procurar outra oferta de emprego. No caso de uma disputa contratual, a alternativa mais favorável para a negociação talvez seja recorrer a um mediador ou levar a questão aos tribunais. Se você não conseguir acertar o preço de um carro com um vendedor de automóveis, uma hipótese seria procurar outra concessionária. A Batna lhe oferece a certeza de que, sejam quais forem os resultados da negociação, você tem uma boa alternativa. Com isso você se torna menos dependente do outro lado para atender às suas necessidades. Ela confere um senso de liberdade, assim como poder e confiança.

Sempre dispomos de meios para aumentar nosso poder interior, por pior que seja a situação. Numa negociação ou num conflito, bem antes de desenvolver uma alternativa *externa* para um acordo negociado, podemos criar uma alternativa *interna*, assumindo um forte compromisso incondicional com nós mesmos de cuidar de nossas necessidades mais profundas, *não importa* o que outras pessoas façam. Esse compromisso é nossa Batna interior. O poder genuíno começa dentro de nós.

No exemplo da negociação da oferta de emprego, mesmo que sua Batna exterior seja procurar ou aceitar outra oferta de emprego, sua Batna interior é o compromisso consigo mesmo de que, independentemente do sucesso na negociação da oferta de emprego, *você* cuidará de suas necessidades de satisfação e de realização no trabalho, em quaisquer circunstâncias.

Sua Batna interior é seu compromisso de parar de culpar a si mesmo, os outros e a vida em si por suas insatisfações, aconteça o que acontecer. É seu empenho em tirar de ombros alheios a responsabilidade por atender às suas verdadeiras necessidades. Esse compromisso incondicional lhe oferece motivação e poder para mudar as circunstâncias, sobretudo numa situação ou num conflito difícil. Sua Batna interior é, na verdade, a base de sua Batna exterior.

No caso de Susan, que descrevi na seção anterior, ela percebeu que estava optando por continuar naquele relacionamento profundamente insatisfatório *e* que podia escolher ir embora. Romper o relacionamento era, claro, o último recurso, algo que ela preferia não fazer. Partir equivalia, em termos de negociações, à sua Batna exterior, o melhor curso de ação para atender às suas necessidades *caso* não pudesse chegar a um acordo com o marido, Frank. Ao se responsabilizar pelo próprio papel na dinâmica do relacionamento, Susan também se tornou responsável por suas necessidades. Ela desenvolveu a Batna interior, assumindo um compromisso incondicional consigo mesma de cuidar de suas necessidades, em quaisquer circunstâncias. Ela assim foi capaz de abordar o marido de uma maneira inteiramente nova. E, com calma, informou a Frank:

> Não estou mais disposta a aceitar o pouco que conversamos nem a insistir com você em que mude. Mas não imagine que estou aceitando as coisas como são. Quanto a mim, não quero de modo algum sentir-me grata só porque meu parceiro fala comigo... E, quanto a você, não quero que se sinta pressionado o tempo todo por uma mulher que só reclama. Interpretarei o que você fizer de hoje em diante como uma indicação de como realmente quer viver. E, de acordo com a sua decisão, também decidirei minha vida.

Susan desistiu de controlar o comportamento do marido, atitude que estava surtindo um efeito oposto ao almejado. Em vez disso, assumiu a responsabilidade por suas necessidades e escolheu como *ela* agiria. Comprometeu-se consigo mesma a adotar um estilo de vida mais conectado com as pessoas e mais satisfatório, independentemente de como Frank se comportasse. Ela demonstrou respeito para com o marido, permitindo-lhe tomar as próprias decisões, e, ao mesmo tempo, demonstrou respeito para consigo mesma, recuperando sua autonomia.

Embora, na superfície, a atitude de Susan pareceEsse ameaçar seu casamento, essa mudança de abordagem produziu o efeito contrário. Assumir a responsabilidade por suas ações e por seu futuro permitiu a Susan romper com o hábito destrutivo de criticar Frank. E, ao não ser mais criticado, Frank se sentiu seguro e disposto a se abrir e a falar mais sobre seus sentimentos e necessidades. O casamento, mais que preservado, foi transformado. Susan chegou ao sim – consigo mesma e com Frank.

Quanto mais precisamos de outra pessoa para atender às nossas necessidades, mais poder esse indivíduo exerce sobre nós, e mais dependentes e carentes nos tornamos. Assumir a responsabilidade por essas questões, como demonstra a história de Susan, facilita o processo de chegar ao sim com outra pessoa. Enquanto nossa Batna exterior está sujeita a mudanças, nossa Batna interior, o compromisso de cuidar de nós mesmos, está sempre disponível e ninguém pode tirá-la de nós. Em minha experiência com negociações, constatei que a melhor Batna de todas, aquela que nos proporciona mais confiança e poder em situações de conflito, é a que se inicia em nosso próprio interior.

Faz parte da nossa vida lidar com diversas situações difíceis. Um chefe dominador exige que trabalhemos à noite e nos fins de semana, e nós aceitamos, dizendo a nós mesmos que precisamos do emprego. Um cliente difícil sempre pede mudanças de última hora no produto ou serviço, e nós concordamos, reconhecendo que precisamos do negócio. A filha adolescente se recusa a ouvir nossas repreensões e nos desrespeita, e nós ignoramos esse comportamento, justificando que precisamos do amor dela. Nesses casos complexos, é possível que não vejamos alternativa senão aceitar os maus-tratos. É muito fácil cair na armadilha de nos tornarmos prisioneiros emocionais dos outros.

Cada um de nós deve responder à pergunta: "*Quem* é o responsável por atender às minhas necessidades psicológicas fundamentais?" Se nossa resposta for "Outra pessoa", está na hora de recuperar o poder de mudar nossa vida e nosso futuro.

Da culpa à responsabilidade

Aprendi a lição da responsabilidade durante a negociação mais desafiadora que já enfrentei, que foi com os médicos e enfermeiros de que dependiam a saúde e a vida de minha filha, Gabriela. Gabi nasceu com uma série de anomalias congênitas denominada síndrome de Vacterl, que afetou várias partes de seu corpo, como coluna vertebral, medula, pés e alguns órgãos. Ela necessitou de atenção médica imediata no dia em que nasceu e, ao longo dos anos, passou por 14 cirurgias de grande porte. No começo, não se sabia ao certo se ela andaria ou sequer se sobreviveria. Evidentemente, o mais difícil para minha esposa, Lizanne, e para mim era observar seu sofrimento. Receávamos por sua vida, sua saúde e seu bem-estar.

Sentíamo-nos tentados a procurar alguém a quem culpar pelo sofrimento de Gabi e pelo flagelo por que passávamos – nós mesmos, os médicos insensíveis e impiedosos ou a própria vida. Aprendemos, porém, que era inútil culpar alguém ou algo. A única maneira saudável ou sensata de seguir em frente era assumir a responsabilidade por nossa vida como ela era, por nosso relacionamento com os profissionais de saúde e por nossas próprias necessidades psicológicas.

Com a ajuda de um amigo terapeuta, primeiro aprendemos a nos colocar no nosso lugar. Lizanne e eu temos a tendência de bancar os fortes e de fugir da dor interior. Quando, porém, pela primeira vez, fomos para o camarote e nos ouvimos, permitimo-nos sentir medo, ansiedade, culpa, vergonha e raiva, emoções que eu havia sufocado. Aprendemos a oferecer a nós mesmos e ao outro empatia e compaixão, sobretudo quando encarávamos uma cirurgia difícil e delicada. Descobrimos que, ao enfrentar deliberadamente nossa dor, ao sentir nossos piores temores de perder Gabi, ao mergulhar no medo em vez de contorná-lo, éramos capazes de superar as emoções negativas e, em última instância, experimentar alívio e cura emocional.

O trabalho de autoconhecimento nos ajudou a assumir a responsabilidade pelas circunstâncias. Aprendemos a aceitar a vida da maneira como era, a não resistir e a não desperdiçar tempo e energia desejando que fosse diferente. Assim, desenvolvemos a capacidade de reagir de maneira construtiva e procuramos fazer o possível para ajudar Gabi, a família e a nós mesmos. Aproveitávamos todas as oportunidades para viver uma vida familiar normal e saudável, com muitas risadas e muito amor. Tratávamos Gabi e os irmãos dela do mesmo jeito e a encorajávamos a viver a vida tão plenamente quanto possível, mesmo que algumas coisas fossem mais desafiadoras para ela, por causa de suas condições físicas. Nesse aspecto, Gabi foi nossa melhor professora, pois nunca se viu como vítima, nunca se deixou abater pela autocomiseração; em vez disso, se empenhava em tornar cada dia o mais divertido possível. Jamais escolheríamos voluntariamente esse flagelo para Gabi e para nós, mas dissemos *sim* para a situação. Dessa maneira, recuperamos a alegria de viver e o poder de mudar as circunstâncias para melhor.

Também aprendemos a assumir a responsabilidade por nossos relacionamentos com os médicos e enfermeiros. Mesmo que os profissionais de saúde se mostrassem insensíveis, passamos a não culpá-los e a tomar a iniciativa para enfrentar o problema. Pouco antes da cirurgia de medula vertebral de Gabi, por exemplo, um médico disse displicentemente aos residentes, na presença de Lizanne, que acalentava nossa Gabi de cinco meses nos braços: "Já vi muitas crianças passarem por essa cirurgia e saírem paraplégicas." Ficamos chocados com tanta frieza. Não muito tempo depois, recomendaram-nos o mesmo médico como o cirurgião mais qualificado da cidade para conduzir mais uma das cirurgias de Gabi. Embora nossa vontade fosse descartá-lo de imediato, por causa de nossa experiência anterior, retiramo-nos para o camarote e nos concentramos no que era melhor para Gabi. No final das contas, desenvolvemos um bom relacionamento com ele, que se tornou nosso amigo, oferecendo-nos muitas horas de orientação gratuita sobre as numerosas cirurgias e tratando nossa filha com muito carinho.

O que nos ajudou a conduzir esses relacionamentos críticos foi o compromisso de cuidar de nossas necessidades psicológicas. Ao agir assim, reduzimos nossos níveis de ansiedade em relação às cirurgias de Gabi. Quanto menos ansiosos ficávamos, mais confiante, calma e segura ela também se tornava, já que se espelhava em nós para ver se devia ter medo ou não, se devia confiar ou não. Quanto mais baixas eram a ansiedade de Gabi e a nossa, mais fácil era para nós controlar nossas reações no trato com os profissionais de saúde.

Foi uma grande lição para nós. Achávamos que dependíamos totalmente do sistema de saúde. Porém, quanto mais nos responsabilizávamos, mais confiança desenvolvíamos em nós mesmos e na vida, mais relaxávamos e, portanto, maior era a eficácia com que lutávamos pelo bem-estar de nossa filha. Todos saíam ganhando. Chegar ao sim com nós mesmos nos ajudou a chegar ao sim com as pessoas das quais dependia a vida de Gabi.

Como Lizanne e eu concluímos, assumir a responsabilidade por atender às próprias necessidades tem a ver acima de tudo com *autoliderança*. Com frequência, o juiz interior, o crítico implacável, tenta assumir o controle, recorrendo à condenação e à recriminação, à culpa e à vergonha como instrumentos de domínio. Assumir a responsabilidade lhe permite deflagrar uma espécie de revolução interna. Você pode expulsar o juiz e assumir o seu lugar legítimo como líder da própria vida.

A principal lição é que responsabilidade equivale a poder, no sentido de capacidade para atender às suas mais profundas necessidades. No final das contas, cada um de nós se depara com uma escolha básica entre diferentes atitudes. Culpar-se significa basicamente renunciar ao próprio poder e, portanto, dizer *não* a si mesmo; assumir a responsabilidade significa exercer o próprio poder e, portanto, dizer *sim* a si mesmo. Ao descartar o jogo da culpa e assumir a responsabilidade por seus relacionamentos e suas necessidades, você pode ir direto às raízes do conflito e exercer a liderança para transformar suas negociações e sua vida.

Isso nos leva ao próximo desafio para chegar ao sim com você mesmo. Depois de assumir a responsabilidade pelas próprias necessidades, ainda resta a questão: onde encontrar uma fonte de satisfação para atender às nossas necessidades mais profundas de conexão e de proteção? Para responder a essa pergunta, voltamos a atenção para a próxima grande mudança de atitude: dizer *sim* à vida que nos sustenta.

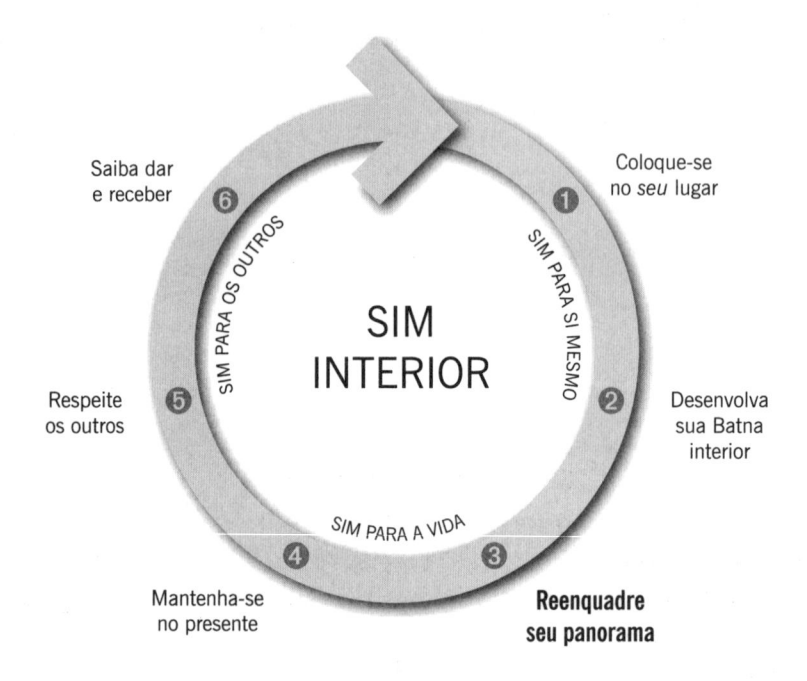

```
                    Coloque-se
Saiba dar           no seu lugar
e receber    ⑥                ①
        SIM PARA OS OUTROS  SIM PARA SI MESMO
                    SIM
                  INTERIOR        Desenvolva
Respeite    ⑤                ②   sua Batna
os outros                        interior
              SIM PARA A VIDA
                    ④    ③
            Mantenha-se    **Reenquadre**
            no presente    **seu panorama**
```

CAPÍTULO 3

Reenquadre seu panorama

DA HOSTILIDADE À CORDIALIDADE

> *Nada pode trazer-lhe paz a não ser você mesmo.*
> — RALPH WALDO EMERSON

Na esteira da Segunda Guerra Mundial e do advento da bomba atômica, Albert Einstein formulou a seguinte questão: "O universo é um lugar amistoso?" "Esta", declarou o cientista, "é a primeira e a mais fundamental pergunta que todas as pessoas devem responder a si mesmas."

Einstein raciocinou que, se considerarmos o universo hostil, naturalmente trataremos os outros como inimigos. No nível coletivo, nos armaremos até os dentes e reagiremos à primeira provocação. Considerando as armas de destruição em massa hoje à nossa disposição, acabaremos nos destruindo, assim como a vida na Terra. Se considerarmos o universo amistoso, no entanto, a tendência será tratar mais os outros como parceiros potenciais. Nessas condições, serão maiores as possibilidades de chegarmos ao sim com os outros, começando pelos mais próximos – em casa, no trabalho e na comunidade – e depois ampliando esse escopo para toda a humanidade. Em outras palavras, a resposta que damos a essa indagação essencial se autorrealiza. Dependendo do que for, nos comportaremos de maneira distinta e nossas interações provavelmente produzirão resultados opostos.

Nas minhas turmas de negociação, ensino aos alunos o poder do reenquadramento, a capacidade que todos temos de conferir uma interpretação ou um significado diferente às situações. Em todas as conversas ou negociações desafiadoras, existe uma escolha: abordar a situação como uma competição entre adversários, em que uma parte ganha e a outra perde, ou encará-la como uma oportunidade para a busca de uma solução colaborativa, em que ambos os lados podem se beneficiar. Temos a capacidade de reenquadrar cada conversa difícil, deixando de vê-la como um confronto entre oponentes e passando a percebê-la como uma troca entre parceiros. A melhor maneira de mudar o jogo é trocar a moldura.

Reenquadrar, porém, nem sempre é simples. Mesmo quando compreendemos os méritos para a negociação de uma abordagem ganha-ganha, é muito fácil, no calor do conflito, cair na armadilha da mentalidade ganha-perde e ver o outro lado – o chefe, um colega, um cliente e até o cônjuge ou filho – como um adversário em uma luta por recursos escassos, seja dinheiro, atenção ou poder. O medo da escassez é muito forte no ser humano e, quando somos dominados por ele, fica complicado chegar ao sim.

Sendo assim, onde podemos conseguir ajuda para reenquadrar a situação? Como vim a constatar, a capacidade de reenquadrar a conjuntura *exterior* decorre primeiro da capacidade de reenquadrar o panorama *interior* da vida. Se realmente quisermos mudar a abordagem de nossas interações com os outros de competitiva para colaborativa, devemos fazer a nós mesmos a pergunta fundamental de Einstein. Somos capazes de pensar, agir e conduzir nossos relacionamentos como se o universo fosse basicamente um lugar amistoso e como se a vida estivesse de fato do nosso lado?

Enquanto eu escrevia este livro, também atuava como consultor de negociação do presidente de um país que estava envolvido em uma longa guerra de guerrilha, na qual centenas de milhares haviam morrido e milhões se tornaram refugiados. O presidente queria iniciar conversas de paz no intuito de chegar a um fim negociado para a guerra, mas enfrentava muita oposição política à ideia de dialogar com os guerrilheiros, rotulados como "terroristas". Ele almejava um acordo com eles, com uma pauta clara e limitada, antes de anunciar o começo das conversações; e, para alcançar esse acordo preliminar, era necessário promover entendimentos secretos com a liderança da guerrilha.

O presidente e sua equipe enfrentavam um problema: como tirar o comandante dos guerrilheiros do esconderijo na selva e levá-lo para um país neutro onde essas conversas preliminares pudessem ser conduzidas em segredo? Ninguém podia tomar conhecimento da operação – nem a mídia, nem a polícia, nem mesmo o Exército, que certamente tentaria destruir a sede da guerrilha se soubesse onde se situava. Para executar essa missão delicada e perigosa, o presidente convocou um homem, que chamarei de James. A tarefa de James era contratar um helicóptero particular e conduzi-lo até um local de encontro secreto, no meio de uma clareira na selva, para pegar o comandante.

Quando o helicóptero de James finalmente desceu no lugar combinado, não havia ninguém, mas, em questão de minutos, a clareira foi tomada por centenas de guerrilheiros que emergiram da selva, cada um carregando uma metralhadora AK-47, todos correndo em direção ao helicóptero em que estava James. Ele ouvia muitos dos guerrilheiros gritando agitados para o comandante que toda a operação era uma armadilha. O nível de tensão e de desconfiança era extremamente alto.

Não é difícil imaginar como a situação deve ter parecido hostil e assustadora para James. O que ele poderia fazer para acalmar os ânimos? Dias depois do acontecimento, James me contou que, após alguns momentos sentado no helicóptero, nervoso e inseguro em relação ao que aconteceria, ele teve uma ideia. Abriu a porta, saiu da aeronave, avançou destemido até o comandante do inimigo, estendeu as mãos e anunciou, cheio de confiança: "Senhor, declaro-o agora sob a proteção pessoal do presidente!"

Naquele momento tenso, ao se ver como alvo de centenas de metralhadoras, James tinha uma escolha: encarar o outro lado como hostil ou como aliado. James ficou com a segunda opção e, ao dirigir-se ao líder adversário como parceiro, foi tratado da mesma maneira. Depois de uma breve pausa para se despedir dos guerrilheiros, o comandante entrou no helicóptero e as conversas de paz preliminares começaram logo em seguida, numa capital estrangeira. Seis meses depois, anunciou-se um acordo preliminar e as conversações de paz tiveram início.

Perguntei a James o que o inspirara a reenquadrar aquela situação perigosa. "Tenho uma confiança fundamental na vida. Acredito que, no final, tudo sempre dá certo", disse ele. Por encarar a vida como aliada, James via o comandante como seu parceiro improvável.

Se fizermos como James e aprendermos a reenquadrar nossa percepção da vida, passando a vê-la como essencialmente amistosa, mesmo diante das adversidades, não só conseguiremos chegar ao sim com nós mesmos, mas também teremos chances muito maiores de chegar ao sim com os outros. Pela minha experiência, três práticas podem ajudar você a reenquadrar sua visão. Primeiro, lembre-se de suas conexões com a vida. Segundo, considere sua capacidade de construir a própria felicidade. Terceiro, aprenda a apreciar as lições que surgem todos os dias.

Lembre-se de suas conexões com a vida

"O ser humano", escreveu Einstein, "é parte do todo por nós denominado 'universo', um componente limitado no tempo e no espaço. Nessas condições, percebe a si próprio, seus pensamentos e seus sentimentos como algo separado do resto, uma espécie de ilusão de óptica de sua consciência..."

Minha formação original foi em antropologia, o estudo da natureza e da cultura humanas. Conforme aprendi em meus estudos, a interconexão dos indivíduos é uma verdade antropológica. Não somos segregados de modo algum, conforme Einstein salientou, mas sim interligados numa ampla teia de seres humanos e outros seres vivos. Estamos intimamente conectados com o todo, por laços biológicos, econômicos, sociais e culturais. Reconhecemos essa verdade científica, mas, em geral, é difícil para nós apreciá-la em plenitude. Todos nos esquecemos, com muita facilidade, de nossas conexões com a vida.

Às vezes, é preciso um verdadeiro choque para vermos além da ilusão de óptica de Einstein. A Dra. Jill Bolte Taylor, neuroanatomista de Harvard, sofreu aos 37 anos um acidente vascular cerebral (AVC) que incapacitou o hemisfério esquerdo de seu cérebro. "Quantos cientistas têm a oportunidade de estudar o próprio cérebro de dentro para fora?", perguntou ela, em uma aclamada palestra TED Talk. "Por quatro horas assisti a meu cérebro se deteriorar completamente em sua capacidade de processar as informações. Na manhã da hemorragia, eu não conseguia andar, falar, ler, escrever ou me lembrar da minha vida."

Ao mesmo tempo, para sua grande surpresa, Jill começou a sentir uma felicidade eufórica ao descartar o estresse e as ansiedades do cotidiano. "Imagine a sensação de estar desconectada por completo da tagarelice do cérebro", disse ela ao público da TED Talk. "Eu me senti totalmente em paz. A percepção de segregação – a ilusão de óptica – desapareceu e ela se sentiu conectada com a vida. De forma não intencional, havia reenquadrado seu panorama de hostil para amistoso.

Jill levou oito longos anos para se recuperar do AVC. O processo foi lento e complexo, mas o desejo de transmitir aos outros o estado de felicidade e paz que ela encontrou manteve sua motivação em alta. Jill veio a compreender o que acontecera com ela em termos das funções totalmente diferentes das duas metades do cérebro.

O lado esquerdo do cérebro é responsável pela linguagem, pela lógica, pelo julgamento e pela percepção do tempo, as ferramentas de que necessitamos na vida cotidiana. "Nosso hemisfério esquerdo pensa de maneira linear, cria e compreende a linguagem, define as fronteiras de onde começamos e onde terminamos, julga o que é certo e errado, e é o mestre dos detalhes. Concentra-se em nossas diversidades e se especializa no julgamento crítico de quem considera diferente", escreve Jill. Esse foi o lado do cérebro da cientista afetado pelo AVC.

Se o lado esquerdo do cérebro é responsável pela percepção de que somos separados e diferentes dos demais, o lado direito gera o senso de conexão com a vida e com os outros. "O hemisfério direito do cérebro se concentra em nossas semelhanças, no momento presente e no panorama mais amplo de como todos estamos interligados. Por focar nossas semelhanças, o lado direito do cérebro é compassivo, expansivo, aberto e solidário", prossegue Jill.

Sem dúvida, precisamos do lado esquerdo do cérebro para navegar no mundo e para nos proteger contra os perigos da vida. Mas também necessitamos do lado direito para sentir o tipo de conexão e de satisfação que Taylor experimentou quando sofreu o AVC. A perspectiva do hemisfério direito do cérebro nos ajuda a responder à pergunta de Einstein de maneira afirmativa: a vida, em última instância, está do nosso lado.

A Dra. Jill Taylor conseguiu se conectar em plenitude com o lado direito do cérebro em consequência de uma ocorrência traumática. Depois de encontrar o caminho, passou a percorrê-lo repetidas vezes. E quanto às demais pessoas que não passaram pela mesma experiência? Como desenvolver o senso de conexão produzido pelo lado direito do cérebro e desfazer a ilusão de óptica da separação descrita por Einstein? Como nos lembrar do senso de conexão e de nossos pontos em comum com os outros para que isso se torne parte de nosso estilo de vida? Como optar conscientemente por deixar para trás a tagarelice do lado esquerdo do cérebro quando ela não nos é útil?

Jill acredita que cada um de nós pode aprender a ativar o lado direito do cérebro com mais frequência e mais facilidade. Uma das maneiras de fazer isso é participar de atividades criativas e físicas que exercitem esse hemisfério. Ela, por exemplo, gosta de praticar esqui aquático, tocar guitarra e fazer arte com vitrais. Cada um de nós tem suas preferências.

Uma de minhas atividades favoritas é o montanhismo. A vista do topo de uma montanha é de tirar o fôlego. Com o mundo inteiro montanha abaixo e o céu se assomando acima de mim, sinto como se eu estivesse mergulhando na paisagem – sou um pequeno ponto na tela do universo, uma parte inseparável do panorama mais amplo. A ilusão de óptica se dissolve por um momento e consigo vislumbrar com os olhos da mente a verdade científica de que tudo está interligado.

Estamos tão acostumados a ver o mundo através das lentes do lado esquerdo do cérebro – lógico, crítico e cheio de fronteiras – que esse panorama mais amplo, essa percepção de que tudo está interconectado, parece difícil de apreender. Trata-se, porém, de fato, da visão com que todos nascemos. Os bebês no útero e no seio materno se sentem naturalmente integrados, com pouca consciência de onde termina seu corpo e começa o da mãe. Como adultos, temos relances dessa visão abrangente – nos momentos em que nos sentimos arrebatados por sentimentos profundos de amor, admiração ou beleza. Todos desfrutamos da capacidade inata de nos conectarmos com a vida que nos cerca. Só precisamos exercitar esse dom.

Como a vida moderna, com todas as suas atividades e distrações, seus conflitos e negociações, exige muito mais do lado esquerdo, é essencial adotar uma prática cotidiana para desenvolver o lado direito. Podemos passar algum tempo por dia em nosso "topo de montanha interior" – passeando no parque, sentados em silêncio em um lugar tranquilo ou fazendo pausa para meditação ou prece. Podemos contemplar ou criar uma obra de arte, ouvir música ou tocar um instrumento. Ao nos engajar nessas atividades, escreveu Jill, estamos criando trilhas neurais de retorno ao hemisfério direito do cérebro, que se fortalece sempre que é usado.

Se fizermos isso, ao enfrentarmos uma conversa ou negociação difícil, vai ser mais fácil acessar o lado direito e nos lembrar de nosso senso de conexão.

Ainda me recordo de um passeio que dei em Paris, pouco antes de uma importante negociação cujo objetivo era dar fim a uma disputa envolvendo altas expectativas e muito ressentimento. O processo todo custara a ambas as partes e às respectivas famílias elevados danos pessoais, além de milhões de dólares em despesas com advogados. Ao fim de minha caminhada, por acaso passei por uma exibição de esculturas ao ar livre, expostas na Place Vendôme. As estátuas eram admiráveis à luz do sol: budas gigantescos prateados e dourados, feitos na China, com amplos sorrisos radiantes, obviamente desfrutando a vida ao máximo. A contemplação daquelas esculturas cintilantes de repente pôs o conflito acalorado sob uma nova perspectiva e me inspirou com uma frase simples para abrir a negociação.

Uma hora depois, quando um banqueiro prestigioso representando o outro lado me perguntou por que eu havia convocado a reunião, respondi: "Porque a vida é curta! A vida é breve demais para esses conflitos destrutivos que consomem as pessoas e suas famílias com estresse, tensão e uma enorme perda de recursos." Essa frase simples, que evocou um panorama mais amplo, interconectado, deu o tom construtivo para as proveitosas conversas que se seguiriam.

Construa a própria felicidade

Nas negociações, talvez o principal propulsor da abordagem ganha-perde seja a mentalidade da escassez. Quando as pessoas acham que os recursos disponíveis não são suficientes, é provável que haja mais conflitos. Seja uma disputa entre chefes de departamento na mesma organização de vendas pela distribuição das verbas orçamentárias, seja uma briga entre duas crianças por causa de uma fatia de bolo – quando o jogo passa a ser do tipo ganha-perde os dois lados geralmente saem perdendo. O conflito compromete as relações de trabalho entre os departamentos a ponto de impedir que ambos cumpram as metas e, durante a rixa das crianças, a fatia de bolo pode cair no chão.

Em meu trabalho como mediador, descobri que uma das estratégias de negociação mais eficazes é buscar maneiras criativas de "aumentar o bolo" antes de fatiá-lo. Por exemplo, os dois departamentos poderiam explorar maneiras de, por meio de uma cooperação maior, expandir as metas de vendas e justificar um aumento nas verbas orçamentárias para ambos. Ou as crianças poderiam completar o bolo com uma bola de sorvete e dividir tudo, de modo que o total fosse maior para as duas. Os recursos tangíveis podem ser limitados, mas poucos são os limites à criatividade humana. Observei centenas de negociações em que ambas as partes foram capazes de criar mais valor uma para a outra.

É verdade que nem sempre é simples aumentar o bolo. Às vezes, o obstáculo está na natureza dos recursos; parece impossível criar mais valor. Com mais frequência, porém, tenho visto que o entrave resulta da mentalidade de escassez, da premissa subjacente do "bolo de tamanho fixo", que não pode ser expandido. Como, então, reenquadrar o panorama e mudar nossa mentalidade de escassez para suficiência ou até abundância? Se existe algo que ajuda muito é buscar maneiras de expandir nosso "bolo interior", uma atitude que facilita o aumento do "bolo exterior".

Daniel Gilbert, psicólogo de Harvard, gosta de desafiar o público de suas palestras fazendo uma pergunta sobre a felicidade: "Quem provavelmente é mais feliz: alguém que ganha milhões de dólares na loteria ou alguém que perde as duas pernas?" A resposta parece óbvia – mas não é. A conclusão surpreendente de uma pesquisa revelou que, depois de um ano, os sorteados e os amputados continuam tão felizes ou infelizes quanto eram antes do acontecimento.

Os dados sugerem que, com poucas exceções, grandes acontecimentos ou traumas que ocorreram há mais de três meses exercem pouco ou nenhum efeito sobre a felicidade no presente. A razão, explica Gilbert, é que somos capazes de construir nossa felicidade. Mudamos a maneira como vemos o mundo para nos sentirmos melhor e somos muito mais resilientes do que supomos. "A lição", diz o psicólogo, "é que tanto nossos anseios quanto nossas preocupações são até certo ponto exagerados, pois temos em nosso interior a capacidade de produzir o próprio objeto de nossas buscas constantes."

Como sugerem as pesquisas dele, até podemos achar que a felicidade é algo a ser *perseguido fora de nós*, mas, na verdade, é um sentimento a ser *gerado dentro de nós*.

Talvez alguns duvidem dessa conclusão, sobretudo porque muita gente aprendeu desde cedo que a felicidade e a realização pessoal decorrem de condições externas, como dinheiro, sucesso ou status. Julio, um economista bem-sucedido, surpreendeu-se quando se deu conta de que havia alcançado tudo o que queria aos 27 anos. Era gerente de uma empresa multinacional e tinha um bom relacionamento conjugal. Havia pouco tempo tinha se mudado para Nova York para abrir um escritório e concluir o MBA. Eis o relato dele:

> Quando eu era jovem, minha imagem do sucesso consistia em ter dois telefones celulares, trabalhar o tempo todo e viajar muito. E agora consegui isso. Mas, então, acordei um dia me sentindo triste e vazio por dentro. Eu me achei incompleto. Nenhuma de minhas conquistas fazia sentido para mim. Nada daquilo me oferecia o sentimento de paz e de calma que eu tanto desejava.

Julio partiu em busca do que lhe faltava: desacelerou um pouco o seu ritmo de vida e passou a praticar meditação. Começou a dedicar mais tempo a si mesmo e ao convívio com a natureza. "Finalmente, descobri que a paz e a calma que eu queria já estavam dentro de mim. Bastava parar e observar. E, então, percebi que as mudanças internas produziram mudanças externas", refletiu ele. "Eu me senti menos estressado no trabalho e passei a ser mais gentil, mais calmo. E as pessoas ao redor notaram a mudança. Tornei-me um colega melhor, um chefe melhor e um funcionário melhor."

Julio descobriu que a tão ansiada felicidade exterior era efêmera e, por natureza, escassa. Manifestava-se, por exemplo, quando ele alcançava um objetivo profissional, mas logo desvanecia. Apenas o bem-estar interior, o tipo de satisfação que ele mesmo podia proporcionar a si, era duradouro e suficiente. Ao se dedicar a atividades que estimulavam o lado direito do cérebro, como o convívio com a natureza e a meditação, ele conseguiu reenquadrar sua visão de vida, o que o tornou uma pessoa melhor. Ao chegar ao sim consigo mesmo, Julio teve mais facilidade para chegar ao sim com os outros.

Abraham Lincoln tinha razão ao refletir muito tempo atrás: "Cheguei à conclusão de que as pessoas são tão felizes quanto decidem ser." Nossa capacidade de atender às nossas mais profundas necessidades de felicidade e de bem-estar é, de fato, parte de nossa natureza. Na infância, sabemos disso instintivamente, mas, como adultos, de alguma maneira, encobrimos nossa natureza essencial com as preocupações cotidianas e esperamos que os outros – cônjuge, chefe, colegas e amigos – atendam às nossas necessidades. Enfrentamos conflitos e negociações difíceis exatamente porque acreditamos que somente outra pessoa pode nos deixar satisfeitos – em geral, ao desistir de algo que ela tem e que nós queremos.

A verdade é que, com muito mais intensidade do que podemos imaginar, cada um de nós é capaz de cuidar das próprias necessidades mais profundas de bem-estar. Além de um direito inato, trata-se de uma capacidade com que sempre contamos e que simplesmente precisamos exercer, como fez Julio. Qualquer pessoa, à sua maneira, pode começar a descobrir as coisas simples da vida que a tornam feliz. Por mais difícil que a realidade às vezes pareça, ela também pode nos proporcionar aquilo de que mais precisamos. A vida é nossa aliada.

Se, como sugerem as pesquisas do professor Gilbert, somos capazes de produzir nossa felicidade, o bem que mais almejamos não é de modo algum escasso, mas suficiente e, talvez, até abundante. Em grande medida, depende de nós. Como seria possível, então, termos sede ao lado de uma fonte tão farta de água potável?

Em meu trabalho de levar os outros a chegar ao sim, durante muito tempo parti da premissa convencional de que, se eu fosse capaz de ajudar os clientes a obter a satisfação *exterior* de um bom acordo, eles alcançariam a satisfação *interior* que tanto buscam. Se apenas conseguissem que a outra parte concordasse em fazer o que queriam, eles ficariam satisfeitos e felizes. As pessoas naturalmente ficam decepcionadas quando a outra parte se recusa a dizer sim ou a executar de maneira adequada sua parte no acordo. Sempre observei a frustração, a raiva, a tristeza e o conflito destrutivo que resultavam disso e ficava pensando se não haveria um caminho melhor.

Ao longo dos anos, vim a concluir que minha premissa de trabalho estava incorreta. A satisfação exterior de um bom acordo geralmente produz não mais que uma satisfação interior *temporária*. A verdadeira satisfação duradoura começa dentro de nós mesmos. Da satisfação interior decorre a satisfação exterior, que, então, realimenta a interior – e assim por diante, num círculo virtuoso que tem início dentro de nós.

Paradoxalmente, quanto menos dependentes dos outros nos sentimos para satisfazer as nossas necessidades de felicidade, mais maduros e realmente satisfatórios tendem a ser nossos relacionamentos. Quanto menor a nossa carência, menos frequentes são os conflitos e mais fácil é para nós chegar ao sim em situações desafiadoras.

Além disso, percebo que as pessoas que redescobrem sua capacidade de criar satisfação interna são muito menos sujeitas a se fixarem na mentalidade de escassez e muito mais aptas a usar sua criatividade inata para aumentar o bolo a ser fatiado. Eis o ponto que antes eu deixava passar: para expandir o bolo em suas negociações com os outros, você deve começar descobrindo maneiras de expandir o bolo interior.

Aprecie as lições que surgem todos os dias

Quando meu sogro Curt – ou Opa, como nós o chamávamos – jazia no leito de morte, sucumbindo ao câncer, cercado pela família, ele oscilava entre momentos de extremo terror e de profunda paz. Era um homem que, por causa de suas experiências na infância – que incluíam ter testemunhado o bombardeio de sua cidade durante a Segunda Guerra Mundial –, sem dúvida, respondera negativamente à pergunta de Einstein. Na visão de Opa, o mundo era um lugar hostil, cheio de escassez e de perigo. Em uma carta ao neto de 16 anos, seu principal conselho sobre a vida foi: "Não confie em ninguém."

Um dia, no entanto, poucas semanas antes de morrer, Opa anunciou que durante a noite experimentara uma profunda mudança de visão: "Aqui acreditamos que tudo está contra nós. Agora, vejo que tudo está a nosso favor", declarou. Embora não o soubesse, a vida sempre fora sua aliada, ensinando-o e ajudando-o a crescer, mesmo em momentos desafiadores. No leito de morte, ele, por fim, veio a responder positivamente à pergunta de Einstein. Reenquadrar suas premissas básicas sobre a vida permitiu-lhe relaxar e se libertar de seus medos e desconfianças. Em vez de resistir ao processo de morrer, ele o abraçou, com gratidão por tudo o que havia recebido na vida. Superou o sofrimento emocional e morreu realizado, cercado pelo amor da família.

Eu acreditava que a gratidão pela vida fosse uma consequência da felicidade, mas depois entendi que a recíproca talvez seja mais verdadeira: ser feliz é uma decorrência do sentimento de gratidão pela vida. Cultivar a gratidão pode ser o melhor caminho para a felicidade. Um dos mais destacados estudiosos da gratidão, o Dr. Robert A. Emmons, revelou:

> Descobrimos provas científicas de que as pessoas que cultivam a gratidão com regularidade experimentam vários benefícios psicológicos, físicos e sociais. Alguns relatam que a gratidão transformou sua vida. E, o que é ainda mais importante, familiares, amigos, parceiros e outros com quem convivem sempre afirmam que quem pratica a gratidão transmite mais felicidade e é mais agradável. Concluí que a gratidão é uma das poucas atitudes capazes de mudar a vida de maneira mensurável.

Ser grato pela vida não significa negar o que é doloroso, sim e ser capaz de apreciar o panorama mais amplo. Certa vez, quando eu começava a trabalhar neste livro, minha filha Gabi de repente sentiu fortes dores no abdome e a levamos para o hospital. Ela sofria náuseas intensas e sua barriga estava inchada. Para Gabi, Lizanne e eu, foram dias cheios de medo, desespero e tristeza. No pior momento, Lizanne e eu tivemos receio de perder nossa filha preciosa. Depois de quatro dias de dores contínuas, com o agravamento do quadro e na incerteza do diagnóstico, os médicos resolveram submetê-la a uma cirurgia de emergência de grande porte, altas horas da noite, em consequência da obstrução total do intestino. Constatou-se, então, que a intervenção não poderia ter sido mais oportuna, pois o intestino estava a ponto de estourar.

Ao longo dos dias, Gabi foi se recuperando e sentimos um enorme alívio. Durante esse período difícil, Lizanne, em especial, aprendeu uma importante lição sobre aceitação e resiliência que lhe proporcionou uma confiança renovada na capacidade de enfrentar as adversidades. Das duas, uma: ela poderia se queixar das injustiças da vida ou praticar a gratidão – agradecendo pela sobrevivência de Gabi e por sua recuperação, e pelas lições que tudo isso trouxe. Lizanne optou pela gratidão.

Ao sentirmos gratidão pela vida, nós nos abrimos para a possibilidade de experimentar o que o filósofo vienense Ludwig von Wittgenstein denominou "segurança absoluta". Wittgenstein enfrentou batalhas violentas ao servir na Primeira Guerra Mundial e concluiu que a segurança absoluta significa "o estado mental em que nos inclinamos a afirmar 'Nada pode me ferir, não importa o que aconteça'". Essa sensação decorre do senso de gratidão e de admiração pela própria existência do mundo. Nosso corpo continua fraco e vulnerável, mas o sentimento é de segurança absoluta. Ver o universo como essencialmente amistoso, mesmo em momentos de perigo, pode nos ajudar a atender a uma de nossas necessidades mais profundas – a de se sentir seguro.

De hostil para amistoso

Na obra *Em busca de sentido*, o Dr. Viktor Frankl conta a história de uma jovem paciente dele que estava muito doente em um campo de concentração nazista. Ela sabia que morreria nos próximos dias, mas, quando conversaram, se mostrou animada. "Sou grata por o destino ter sido tão duro comigo", disse. Confessou que, até então, não levara a sério as realizações espirituais. Apontando para fora, pela janela, observou: "Aquela árvore ali é a única amiga que tenho em minha solidão." O Dr. Frankl ficou surpreso e não soube muito bem como interpretar aquelas palavras. Seria um delírio? Estaria ela tendo alucinações? Então perguntou se a árvore respondia, e sua paciente afirmou: "Sim. Ela diz: 'Eu estou aqui – eu sou a vida, a vida eterna.'"

Lá estava aquela moça, em uma situação de grande sofrimento, prestes a morrer, sozinha e isolada, longe da família e dos amigos. Admiravelmente, porém, ela se sentia "animada" e "grata" pelas lições que recebera do destino cruel. Ao fazer amizade com uma árvore – na verdade, apenas um único galho com duas flores –, ela encontrou uma maneira de se conectar com a vida em face da morte próxima. Conseguiu, assim, encontrar a própria felicidade e aproveitar os últimos dias. Mesmo nessas condições sombrias, ela foi capaz de responder afirmativamente à pergunta de Einstein e desfrutar da cordialidade do universo, na forma de uma árvore.

Se podemos aprender algo com a experiência dessa jovem, talvez seja reconhecer a admirável capacidade humana de reenquadrar o panorama: nos lembrarmos de nossas conexões com a vida, encontrar felicidade mesmo no que pode parecer insignificante e apreciar os ensinamentos ao longo de nossa trajetória. Às vezes a vida pode ser extremamente desafiadora, mas temos a opção de ver as circunstâncias a nosso favor ou contra nós.

Como Frankl deixou claro, temos o poder de escolher nossas atitudes básicas em relação à vida, que, então, influencia diretamente nossas atitudes em relação aos outros. Em vez de dizer *não* à vida, de encará-la como hostil, podemos optar por dizer *sim* e vê-la como nossa amiga. Ao fazer essa escolha fundamental, somos capazes de moldar nossa existência, nossos relacionamentos e nossas negociações, mudando-os para melhor.

Saiba dar
e receber ⑥

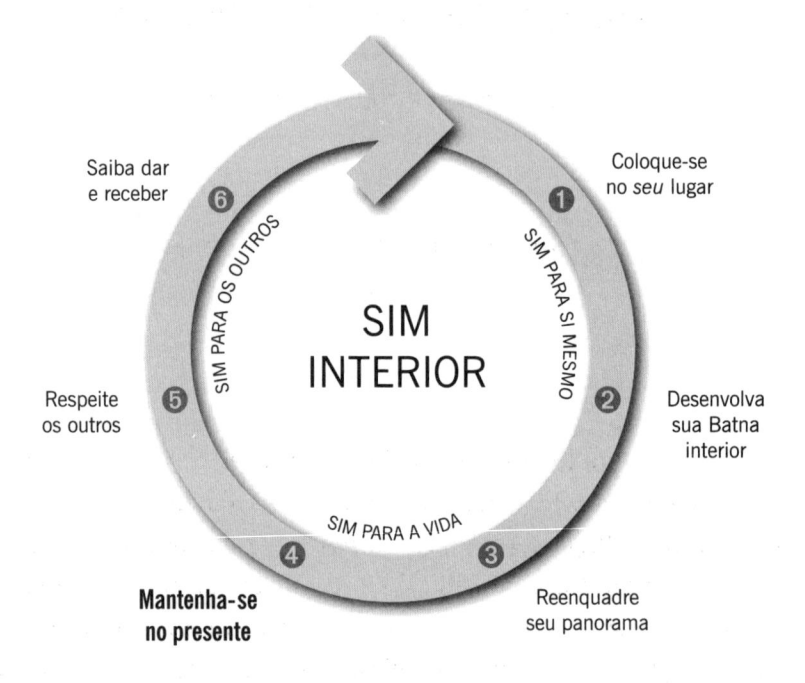

Coloque-se
no *seu* lugar ①

SIM PARA OS OUTROS

SIM PARA SI MESMO

**SIM
INTERIOR**

Respeite
os outros ⑤

Desenvolva
sua Batna
interior ②

SIM PARA A VIDA

④ ③

**Mantenha-se
no presente**

Reenquadre
seu panorama

CAPÍTULO 4

Mantenha-se no presente

DA RESISTÊNCIA À ACEITAÇÃO

Quem vive não no tempo, mas no presente, é feliz.
— LUDWIG VON WITTGENSTEIN

A pressão era intensa. A convite das Nações Unidas e do Carter Center, eu vinha trabalhando como mediador na grave crise política que afligia a Venezuela. Milhões de pessoas ocupavam as ruas da capital, Caracas, pedindo a derrubada do presidente Hugo Chávez, enquanto outros milhões demonstravam apoio ao governo. As multidões se armavam, alimentando rumores sobre ataques iminentes, e os observadores internacionais estavam receosos com a possível eclosão de uma guerra civil.

Eu havia recebido um telefonema do ex-presidente americano Jimmy Carter pedindo que me reunisse com o presidente Chávez a fim de discutir uma maneira de evitar a escalada do conflito. Uma reunião foi marcada e eu me concentrei em arranjar um meio de extrair o máximo possível dessa oportunidade talvez única de influenciar o líder da Venezuela. Eu tentava desenvolver a orientação mais inteligente que pudesse oferecer. Mas comecei a me perguntar:

por que cargas-d'água o presidente venezuelano iria ouvir a mim, um professor "ianque"?

Como de costume, saí para um passeio no parque em busca de inspiração. Como eu achava que teria apenas poucos minutos com o presidente, estava esboçando mentalmente um breve conjunto de recomendações. O que me ocorreu, porém, durante a caminhada, foi fazer exatamente o *oposto* do que eu planejara: eu não daria conselhos a não ser que ele me pedisse. Apenas ouviria, me concentraria no momento presente e buscaria abertura. O risco, obviamente, era que a reunião terminasse muito cedo e eu perdesse a oportunidade de influenciá-lo com minhas recomendações, mas resolvi assumi-lo.

No dia da reunião, a tensão era alta e os manifestantes se agitavam nas imediações do palácio presidencial. Quando meu colega Francisco Diez e eu chegamos, pediram que esperássemos e depois nos levaram para uma grande sala de recepção, onde fomos recebidos pelo presidente Chávez. Ele nos convidou a sentar em poltronas ao lado da dele. Agradeci-lhe pela reunião, transmiti os cumprimentos do ex-presidente Carter e perguntei como estava sua filha de 4 anos, que tinha a mesma idade da minha. Deixei, então, que a conversa se desenrolasse naturalmente.

Em pouco tempo, Chávez contava sua história com naturalidade. Fora coronel das Forças Armadas, mas renunciara ao cargo, indignado por ter recebido ordens para atirar em civis que protestavam contra os preços dos alimentos em Caracas. Liderara, em seguida, uma tentativa de golpe de Estado, e acabou preso. Depois de ser solto, candidatou-se a presidente. Falou de sua admiração fervorosa por Simón Bolívar, que libertou a América Latina do domínio espanhol no começo do século XIX. Ouvi atentamente, tentando imaginar como seria estar no lugar dele.

Ao terminar o relato, ele se virou para mim e perguntou:

– Muito bem, professor Ury. O que você acha do conflito aqui na Venezuela?

— Senhor presidente, trabalhei como mediador em muitas guerras civis. Quando o derramamento de sangue começa, é muito difícil pará-lo. Acredito que o senhor tem uma grande oportunidade agora para evitar a guerra antes que comece.

— Como? — indagou ele.

— Abra um diálogo com a oposição — respondi.

— Está sugerindo que eu *negocie* com eles? — reagiu o presidente, visivelmente furioso. — São traidores que tentaram me depor e me matar há menos de um ano, bem aqui, nesta sala!

Fiz uma pausa e me retirei para o camarote. Em vez de discutir com meu interlocutor, tentei seguir sua linha de pensamento.

— Compreendo. Se o senhor não pode confiar neles de jeito nenhum, de que adianta conversar com eles?

— Exatamente — concordou.

Eu estava focado no momento presente, buscando uma abertura, quando me ocorreu uma pergunta:

— Como o senhor não confia neles, o que é bastante compreensível pelo que já aconteceu, deixe-me perguntar uma coisa: o que eles poderiam fazer, digamos, amanhã de manhã, se é que algo seria possível, para enviar um sinal confiável de que estariam prontos para a mudança?

— Um sinal? — repetiu ele, ficando em silêncio por alguns instantes para pensar na questão inesperada.

— Sim.

— Bem, para começar, poderiam parar de me chamar de *mono* [macaco] nas emissoras de televisão. — Ela deu uma risada amarga. — Também poderiam deixar de transmitir declarações de generais uniformizados pela televisão, convocando o povo para a derrubada do governo. Isso é traição!

Em poucos minutos, o presidente concordou em designar seu ministro do Interior para trabalhar com Francisco e comigo no desenvolvimento de uma lista de possíveis iniciativas práticas que cada parte poderia tomar para aumentar a confiança e amenizar o conflito. Pediu que nos reuníssemos com ele de novo no dia seguinte para informá-lo do andamento das negociações. E, dessa forma, foi aberto inesperadamente um processo construtivo para resolver a crise.

Depois que Francisco e eu nos despedimos do presidente, olhei para o relógio e só então me dei conta de que havíamos passado mais de duas horas e meia com ele. Estou convencido de que, se eu tivesse seguido minha primeira ideia de iniciar a reunião apresentando minhas recomendações, o presidente teria nos despachado em alguns minutos. Em vez disso, como eu deliberadamente desistira de lhe dar conselhos e procurei me manter atento a uma possível abertura, o encontro se tornara altamente produtivo.

Para chegar ao sim em uma situação delicada, o segredo é buscar *oportunidades no presente*, procurar chances de orientar a conversa para o sim, como aconteceu com o presidente Chávez. Na maioria das situações, se ficarmos bastante atentos, encontraremos uma abertura. Mas saiba que também é algo muito fácil de não ser notado. Participei de muitas negociações em que uma das partes sinaliza aberturas ou até faz concessões que passam despercebidas pela outra parte. Seja em conflitos conjugais ou em disputas orçamentárias, é muito comum dispersar o foco, recordando-se do passado ou preocupando-se com o futuro. Só no presente, no entanto, podemos mudar intencionalmente a direção da conversa para um acordo.

Aprendi essa lição de buscar oportunidades no presente muitos anos atrás, com meu mentor e colega Roger Fisher. Enquanto os outros professores universitários que eu conheci lidavam com conflitos focando em compreender sua história ou em prever seu futuro, Roger se empenhava em explorar a oportunidade presente para adotar ações construtivas. "*Quem* pode fazer *o que* hoje para conduzir esse conflito rumo a uma solução?" era a pergunta que ele sempre gostava de fazer. Roger sabia que, por mais interessante ou esclarecedor que fosse o passado ou o futuro, o poder de transformar o conflito se situava no presente. O foco que ele lançava nas oportunidades sempre disponíveis de avançar para o sim foi uma lição esclarecedora para mim.

O que eu não compreendia muito bem naquela época, porém, era o passo preliminar necessário para nos concentrarmos nas oportunidades do presente em nossas interações com os outros. Para identificarmos as aberturas momentâneas, nosso foco interno, naturalmente, precisa se concentrar no momento presente. Nosso melhor desempenho decorre de um estado de alerta descontraído, com a atenção voltada para o aqui e agora. O psicólogo e pesquisador Mihaly Csikszentmihalyi denomina esse fenômeno de "fluxo", em seu livro *Flow*, sobre a condição psicológica de alta performance e de satisfação interior. Os atletas às vezes o chamam de "zona". Se os jogadores de tênis, por exemplo, ficarem preocupados com o último ponto ou com o próximo ponto, seu desempenho provavelmente será prejudicado. Se estiverem plenamente presentes, serão capazes de abraçar o momento e de dar o melhor de si. O ex-corredor de curta distância Mark Richardson, falando sobre sua experiência de se manter no presente durante as corridas, explicou:

> É um sentimento muito estranho, como se o tempo desacelerasse e você visse tudo com muita clareza. Você se convence de que sua técnica não poderia ser melhor. Suas ações parecem espontâneas, sem esforço, quase como se estivesse flutuando na pista. Cada músculo, osso e tendão atua em completa harmonia e o produto final é uma corrida fantástica.

Assim como é importante para os jogadores de tênis, os corredores e outros atletas se manterem no estado de fluxo, no presente, isso também é essencial para nós quando tentamos chegar ao sim com o cônjuge, o sócio, um colega ou um cliente. Como descobri na minha reunião com o presidente Chávez, concentrar toda a atenção no aqui e agora diminui nossa propensão a reagir, ajuda-nos a perceber as possíveis aberturas e facilita o acesso à nossa criatividade natural, para que possamos conseguir com mais facilidade acordos mutuamente satisfatórios. Além dos efeitos positivos sobre o nosso desempenho, também é no presente que tendemos a experimentar mais satisfação e um maior bem-estar.

Manter o foco no momento presente constitui um desafio. Talvez o maior obstáculo seja a *resistência* interna ou a tendência de dizer *não* para a vida tal como ela é: lamentamos o passado, receamos o futuro e rejeitamos as circunstâncias atuais. O segredo para continuar no aqui e agora é superar a resistência interna, aceitar o passado, confiar no futuro e abraçar o presente como são. A chave, em outras palavras, é dizer *sim* à vida.

Aprenda a relaxar

Relaxar o controle rígido sobre a vida não é tão simples assim. Sempre me lembro de minhas aventuras como montanhista, na adolescência e na juventude. Uma vez, depois de chegarmos ao alto de um pico, meu amigo Dusty e eu começamos a fazer um rapel para descer o precipício de mais de 300 metros de altura. No início, a experiência foi assustadora. Todos os meus instintos me diziam para não me lançar no abismo, mas, ao descer o paredão, se eu não soltasse a corda, ficaria empacado, incapaz de chegar até a base da montanha. Meu desejo de controlar a situação e o medo do que poderia acontecer se eu fracassasse estavam impedindo que eu fizesse qualquer progresso e conseguisse o que queria.

Às vezes, relutamos em abrir mão do controle sobre a vida – da mesma maneira que eu resistia em deixar a corda correr quando estava aprendendo a fazer rapel. Talvez seja por achar que a preocupação incessante com o futuro nos manterá fora de perigo. Ou por gostar de ruminar o passado, culpando os outros e as circunstâncias, porque assim nos consideramos superiores ou porque nos sentimos mais vivos sob o impulso da raiva. Como George Bernard Shaw certa vez observou: "As pessoas às vezes se prendem mais a seus fardos do que seus fardos se prendem a elas."

Por todas essas razões, superar a resistência a relaxar é um processo lento. No caso do rapel, comecei diminuindo o aperto da mão sobre a corda durante alguns segundos, até sentir que eu estava seguro, e então soltava a corda um pouco mais, para depois apertá-la de novo, e assim sucessivamente, até, por fim, sentir-me totalmente confortável caminhando de costas para o precipício. Depois de realmente soltar a corda, não havia mais nada a fazer a não ser admirar a vista. Precisamos da mesma mistura de paciência e persistência para enfrentar o desafio de relaxar e nos manter no presente. Depois de algum tempo, fica cada vez mais fácil, até nem mesmo pensarmos no que estamos fazendo.

Certa vez, Dusty e eu descemos de rapel um pico muito elevado nos Alpes, sob uma forte tempestade, com a chuva intensa fustigando o rosto e os braços. A certa altura, vimo-nos numa pequena plataforma rochosa, onde a única coisa disponível para prender a corda era um pequeno pinheiro que se projetava para o precipício. Às pressas, amarramos a corda no arbusto, testamos a amarração e prosseguimos.

Quando comecei a descer o despenhadeiro, abandonando todo o meu peso na corda, o pequeno pinheiro se inclinou e, como em câmera lenta, cedeu com raízes e tudo. Agarrei-me à beira da plataforma e consegui me erguer de volta àquele espaço vital. Dusty e eu nos entreolhamos, chocados pelo que poderia ter acontecido. Paramos, olhamos ao redor com mais atenção e finalmente encontramos um ponto de apoio mais confiável. Dessa vez, conseguimos descer em segurança a montanha. Desnecessário dizer que Dusty e eu aprendemos naquele dia o valor da ancoragem segura antes de nos soltarmos de vez.

Acho que a mesma lição se aplica à questão do controle sobre a própria vida. Nossa capacidade de relaxar e de deixar as coisas fluírem naturalmente depende da solidez do ponto de apoio em um mundo amistoso. Se conseguirmos reenquadrar o panorama da vida e encontrar satisfação em nosso interior, estaremos mais dispostos a superar os ressentimentos em relação ao passado e as ansiedades quanto ao futuro. O reenquadramento nos permite relaxar e aceitar a vida como ela é.

Aceitar o passado

"Quando penso no que Craig fez comigo fico furioso", disse-me um cliente envolvido em uma disputa comercial, num momento de franqueza. "Por isso sinto prazer em atacá-lo. Se eu resolver essa questão, o que será da minha vida sem essa guerra particular?" O cliente estava tão concentrado no passado e em apreciar sua vingança que perdera de vista seus verdadeiros objetivos na negociação e na vida.

Como mediador experiente, testemunhei várias vezes o peso da sombra do passado e como ela pode ser uma fonte de amargura, ressentimento e ódio. Estou acostumado a ouvir ladainhas de culpas e recriminações. Constatei a facilidade com que a mente humana fica empacada no passado e se esquece das oportunidades do presente para resolver os conflitos e atenuar o sofrimento.

Agarrar-se ao passado não só é autodestrutivo, por nos desviar do esforço para alcançar acordos mutuamente satisfatórios, mas também nos priva da alegria e ainda faz mal à saúde. Pior ainda, afeta as pessoas ao redor, as que mais nos apoiam no dia a dia. Quando nos veem presos ao passado e envenenando o presente, a satisfação e o bem-estar desses entes queridos são comprometidos. As perdas são generalizadas. Se realmente nos déssemos conta de como essa atitude é nociva, não resistiríamos tanto a descartá-la.

Na disputa em questão, depois que meu cliente superou a tendência de se prender ao passado e concentrou suas energias em resolver as diferenças com o adversário, ele me contou que se sentia outro homem, muito mais leve. Até seus filhos pequenos percebiam como o pai se desgastara com o conflito. Quando tudo terminou, eles notaram, nitidamente aliviados, como o pai havia mudado: "Papai já não fica o tempo todo no celular", disseram à mãe.

Desvencilhar-se do passado pode ser realmente libertador. Em um discurso nas Nações Unidas, o ex-presidente Bill Clinton lembrou-se de uma pergunta que fizera a Nelson Mandela: "Diga a verdade: na última vez que percorreu aquele caminho [quando foi libertado da prisão], você não sentiu ódio deles?" Mandela respondeu: "Senti. Sou velho o bastante para dizer a verdade. Senti ódio e medo, mas disse a mim mesmo: 'Se ainda os odiar ao entrar naquele carro, você continuará prisioneiro.' Como eu queria ser livre, deixei aquilo para trás."

Ali estava um homem que passara 27 anos na prisão e que tinha todos os motivos para ser amargo e rancoroso. O grande e inesperado presente que ofereceu aos sul-africanos foi ajudá-los a aliviar a carga pesada do passado, para que chegassem ao sim e começassem a construir um país livre para todos. Ao aceitar e perdoar seus antigos carcereiros, Mandela inspirou centenas de outras pessoas a também perdoar seus algozes. Uma delas foi um jovem companheiro de prisão em Robben Island, Vusumzi Mcongo, que fora violentamente torturado por ter liderado um boicote estudantil. "Não podemos viver com o coração partido", disse Mcongo. "Com o passar do tempo, precisamos aceitar o que aconteceu conosco, reconhecer que o que passou passou e que aqueles dias não voltarão. Continuar no passado trará apenas mais revolta."

Perdoar quem nos fez mal não significa aprovar nem esquecer o que foi feito. Significa aceitar o fato consumado e nos libertar de seu peso opressivo. Afinal, os maiores beneficiários do perdão somos nós mesmos. O rancor e a raiva acabam por nos ferir e nos esgotar mais que as pessoas por quem temos ressentimento. Cultivar rancores faz tanto sentido quanto continuar segurando a bagagem a bordo de um trem; apenas nos cansa, sem necessidade.

Tão importante quanto perdoar os outros é perdoar a si próprio. Sem dúvida, todos nós em algum momento sentimos culpa, vergonha, recriminação e ódio por nós mesmos, pelas diferentes maneiras e muitas ocasiões em que nos desrespeitamos, não cumprindo as promessas que fizemos a nós mesmos, e nos magoamos, assim como o próximo. Esses sentimentos naturalmente tendem a se deteriorar e a dispersar a atenção do momento presente. Por isso a poeta Maya Angelou tanto salientava a urgência de nos perdoarmos:

Quem vive comete erros – é inevitável. Mas, depois de errar e de admiti-lo, você deve se perdoar. Se ficarmos ruminando nossas falhas, não conseguiremos ver nossa própria glória no espelho, pois o erro estará entre o nosso rosto e o vidro, bloqueando nosso reflexo.

Aceitar o passado não é só deixar de acusar os outros e a si próprio; também é aceitar as experiências que a vida nos impôs, por mais difíceis que tenham sido. Se não superamos nossos ressentimentos e arrependimentos, tornamo-nos prisioneiros do passado. Para aceitá-lo, precisamos reenquadrar nossas histórias e encontrar significados positivos até para os acontecimentos mais árduos da vida. Talvez não tenhamos o poder de mudar o passado, mas certamente temos a capacidade de alterar o significado que atribuímos ao que vivemos.

Mesmo que antes eu não acreditasse no poder de reenquadrar nossas histórias, a experiência com os problemas de saúde de minha filha Gabi me convenceu disso. Nos primeiros anos depois do nascimento dela, minha esposa, Lizanne, dizia se sentir como se estivesse num túnel escuro, do qual jamais sairia. Com o passar do tempo, porém, ela e eu aprendemos a pintar um panorama diferente da experiência. A verdade era que, por mais doloroso que fosse observar nossa filha passar por sucessivos procedimentos médicos, esse sofrimento nos desafiou a crescer como seres humanos e a recorrer a nossos recursos interiores.

Só podemos ser gratos pelas valiosas lições de vida que a jornada de Gabi nos proporcionou – lições que se refletem neste livro. Graças a elas, aprofundei a capacidade de observar meus pensamentos e sentimentos, de me colocar no meu lugar, de ver a vida como aliada e amiga. Olhando para trás, Lizanne e eu passamos a apreciar toda a experiência como um "choque abençoado", algo que paradoxalmente nos despertou para o potencial que tem a vida de nos oferecer alegria no presente. Embora ninguém em sã consciência escolha enfrentar uma provação desse tipo, posso afirmar, sem sombra de dúvida, que cada um de nós é mais feliz e mais realizado hoje, em consequência de tudo o que vivenciamos. Não creio que teria condições de escrever este livro sem essas experiências.

Confie no futuro

Certa vez, quando eu falava para um grupo de executivos sobre a importância crítica de desenvolver a Batna – sua Melhor Alternativa a um Acordo Negociado –, um homem se aproximou de mim e disse:

– Sim, é verdade. Mas também gosto de considerar minha Pior Alternativa a um Acordo Negociado.

– Por quê? – perguntei, curioso.

– Porque me preocupo muito com o que pode acontecer se as coisas não correrem bem na negociação – respondeu ele. – Gosto de levar em consideração o pior cenário porque, então, posso dizer a mim mesmo: "Se não me matarem, provavelmente sobreviverei." E assim encarar a situação com bom humor.

Há muita verdade nesse comentário. Realmente, costumamos nos preocupar demais com as negociações e com a vida, em geral, imaginando tudo de ruim que pode acontecer. Embora pensar no futuro seja importante às vezes, o excesso de preocupações nos afasta do presente, aumentando o estresse e comprometendo nosso desempenho.

Estou muito habituado a testemunhar o medo em conflitos perigosos. Muitas vezes o percebi se apossando de mim e dos demais envolvidos. O que aprendi ao longo dos anos, porém, é que quase todos os nossos medos são infundados. Conforme observou o filósofo francês Michel de Montaigne, quatro séculos atrás: "Minha vida foi marcada por infortúnios terríveis, a maioria dos quais nunca aconteceu." No final das contas, o medo acaba nos causando mais danos que os próprios perigos imaginados. "Quem teme sofrer já sofre o que teme", concluiu Montaigne.

A alternativa para o medo é a confiança. Mas não me refiro à crença de que não haverá desafios ou experiências dolorosas. Estou falando da segurança de que você será capaz de enfrentar as adversidades que surgirem em seu caminho. Essa confiança foi o que me levou a ter a conversa produtiva com o presidente Chávez, descrita no começo deste capítulo. Se eu me deixasse levar pelo medo do fracasso, jamais teria permitido que o diálogo fluísse com naturalidade até chegar a uma verdadeira abertura na negociação.

A confiança não é o produto de uma mudança de atitude repentina, e sim uma escolha consciente que se repete muitas vezes por dia. Em todas as interações, com cliente ou chefe, esposa ou parceiro, podemos optar entre o medo e a confiança. Iremos obedecer à voz do *não*, que nos aconselha a não parecermos tolos ou ridículos? Ou ouviremos a voz do *sim*, que nos encoraja a assumir riscos e a seguir nossa intuição?

Winston Churchill certa vez observou: "O pessimista vê dificuldade em toda oportunidade. O otimista vê oportunidade em toda dificuldade." E prosseguiu: "Sou otimista. Não me parece muito útil ser qualquer outra coisa." Ter confiança no futuro, como ele sabia muito bem depois de enfrentar os horrores da guerra, não significa ignorar os problemas da vida. É a atitude que nos induz a tomar a iniciativa de enfrentar nossos problemas. Por que não experimentar e ver se a confiança – a crença na própria capacidade de enfrentar o que a vida trouxer – é mais eficaz que a preocupação contínua com o futuro?

Vários métodos práticos podem ajudá-lo a se livrar do medo do futuro. Você pode detectar o medo no momento em que ele se manifesta e liberá-lo conscientemente, como um cachorro que sacode a água dos pelos depois de mergulhar num lago. Então inspire profundamente uma ou duas vezes, levando oxigênio para o cérebro, de modo a ver a situação com mais clareza. Ou, como o executivo que citei há pouco, você também pode fazer a si mesmo uma pergunta simples, mas poderosa, para confrontar a realidade quando estiver ansioso por conta de algum acontecimento futuro: *Qual é a pior coisa que pode acontecer aqui?* Ao enfrentar seus medos como observador esclarecido, você será mais capaz de relaxar e de se manter no presente. Como nosso corpo não distingue entre ameaças reais e imaginárias ao se preparar para a luta ou a fuga, mudar um pouco a perspectiva pode ser muito útil para nos livrar do medo.

Por fim, talvez a maneira mais segura de se libertar dos medos infundados seja se lembrar de sua Batna interior e de seu *sim* para a vida. Seu compromisso de cuidar de suas necessidades e sua certeza de que a vida está do seu lado lhe proporcionarão a segurança de que, não importa o que aconteça no futuro, tudo vai dar certo no final.

Um velho provérbio chinês aconselha: "Você não pode impedir que as aves da preocupação e da insegurança sobrevoem sua cabeça, mas não precisa deixar que elas construam um ninho em seus cabelos."

Abrace o presente

Depois que nos livramos do peso do passado e da sombra do futuro, nós nos sentimos mais livres para viver e agir no presente. Podemos visitar o passado de tempos em tempos para aprender com a experiência, e podemos dar uma olhada no futuro para nos programar e tomar as precauções necessárias, mas nossa casa deve ser construída no único lugar onde somos capazes de fazer acontecer a mudança positiva: no presente. É vivendo aqui e agora e identificando as oportunidades do presente em nossas negociações que mais facilmente conseguiremos chegar ao sim com os outros.

No mundo conectado de hoje, é muito fácil nos distrairmos do momento atual. Por trás dessa propensão a fugir está uma resistência à vida como ela é. Tendemos a idealizar nossas expectativas de como as coisas *devem* ou *não devem* ser, e nosso juiz interior compara constantemente nossa realidade com essas expectativas. Pior ainda, registramos essas avaliações. "A esta altura, eu já *deveria* ter feito a venda."

"*Não deveria* ter falado daquela maneira com meu chefe." "Minha esposa *deveria* ser mais gentil comigo."

Aceitar a vida como ela é não significa se resignar com as coisas da maneira como são. Na verdade, a mudança construtiva começa com o reconhecimento da realidade, por mais dolorosa que seja, e não enquanto estamos perdendo tempo e energia mascarando-a ou negando-a. Minha amiga Judith enfrentou uma época muito difícil quando seu filho Ben entrou numa fase rebelde, que começou aos 9 anos e atingiu o auge aos 13. Ben insistentemente a rejeitava com grosseria e rechaçava todas as tentativas da mãe de se conectar emocionalmente com ele. Judith se via numa montanha-russa de mágoa e raiva, impotência e determinação, angústia e revolta. Sentia que estava entrando em colapso.

"*Eu não desistiria.* Minha sensação era a de estar lutando por minha vida e pela de meu filho", explicou Judith. "Meu marido subia e descia as escadas para o porão, onde Ben passara a dormir, como um mediador incansável, trazendo e levando mensagens entre as forças rebeldes e o governo estraçalhado."

Judith estava gritando um sonoro *não* para o comportamento de Ben, basicamente um *não* para a vida tal como se mostrava naquele momento. Por mais que ela lutasse e resistisse, contudo, não conseguia convencer Ben a aceitá-la. Não é fácil deixar de controlar a vida, em especial quando o que está em jogo parece tão importante.

Por trás do medo de abrir mão do controle talvez esteja a falsa premissa de que se não controlarmos todas as circunstâncias, tudo irá desmoronar. Nosso instinto é proteger a versão idealizada de como deve ser a vida. A ironia, evidentemente, é que não admitir a realidade presente é destrutivo não só para nós, mas também para todos ao nosso redor. No caso de Judith, o relacionamento dela com o marido também estava se desgastando quase ao ponto de ruptura, em consequência dos julgamentos, das acusações, das ofensas e da falta de solidariedade entre eles.

Como fazer, então, para relaxar?

Judith aprendeu a abrir mão do controle testando suas premissas sobre o futuro, que motivavam grande parte da necessidade de controlar seu relacionamento com o filho. Um dia, durante uma caminhada, ela se perguntou: "*Qual é a pior coisa que poderia acontecer aqui?*" "Além da morte de meu filho", concluiu Judith, "a situação mais grave que consigo imaginar é eu me relacionar apenas com dois de meus três filhos." Em termos de negociação, ela fez a si mesma uma pergunta para confrontar a realidade em relação à melhor alternativa disponível, caso não conseguisse chegar ao sim com Ben.

De repente a situação de Judith já não parecia tão sombria. Ela se perguntou: *Eu posso conviver com essa situação? Conseguirei ser feliz, mesmo que não tenha bom relacionamento com meu filho?* E a resposta foi clara – sim. "Não era o que eu queria", esclareceu Judith, "mas eu seria capaz de conviver com aquilo. Eu ainda tinha a capacidade de encontrar alegria e satisfação na vida. Meu bem-estar não dependia do amor e da aprovação de Ben." Naquele momento, Judith se sentiu libertada da tirania de seus medos.

"Aos poucos, eu *relaxei*", explica Judith. "Libertei-me de precisar do reconhecimento de meu filho, de necessitar que ele me amasse ou até que gostasse de mim. Abandonei a necessidade de que ele me procurasse ou até que falasse comigo." Ela viu que não fazia sentido exigir que ele sentisse por ela o mesmo que sentia pelo pai. "Ao encarar a vida tal como era, não como eu esperara que fosse, as imagens do que eu achava que deveria ser, como mãe e esposa, foram se desfazendo. Em substituição, desfrutei a liberdade."

Depois de se livrar das expectativas de como a vida deveria ser, Judith, paradoxalmente, mudou para melhor, com naturalidade. Essa libertação veio a ser a solução inesperada para transformar o conflito entre mãe e filho, um relacionamento que se curou lentamente ao longo dos anos. Exatamente porque Judith conseguiu se libertar de suas carências e aceitar o filho como ele era, este, por sua vez, depois de algum tempo se aproximou dela, desculpou-se por magoá-la e disse quanto a amava. Ao optar por encarar a vida como ela é, ao chegar ao sim consigo mesma, Judith chegou ao sim com o filho e também com o marido.

Conforme mostra o caso de Judith, é difícil chegar a uma solução mutuamente aceitável para um conflito se primeiro não aceitarmos a situação tal como é. Abraçar o presente significa aceitar uma dádiva da vida. O momento atual, por mais que o rejeitemos – como Judith rejeitava sua relação conflituosa com o filho –, é de fato uma dádiva. É possível que nos consideremos merecedores de outras coisas, mas o presente é o que é.

Também nesse contexto, minha melhor mestra é minha filha Gabi. Depois de passar por 14 cirurgias de grande porte, ela jamais olhou para trás com revolta ou mágoa e nunca sentiu pena de si mesma. Ela sacudiu a poeira. Segue curtindo a vida, aproveitando-a e empolgando-se todos os dias. Quando me surpreendo divagando sobre o passado ou especulando sobre o futuro, simplesmente me lembro do foco agudo de Gabi no momento atual – e relaxo. Se ela pode se descontrair e se manter no presente, eu também posso.

Como Lizanne e eu aprendemos com as cirurgias de Gabi, a dor acontece. É parte da vida. Quando, porém, resistimos à vida e às suas dificuldades, começamos a sofrer. Conforme ensina o ditado, a dor pode ser inevitável, mas sofrer é opcional. Talvez imaginemos que o sofrimento é que nos leva a resistir, mas, paradoxalmente, é a resistência que nos leva a sofrer. Não é fácil, sem dúvida, mas podemos optar por limitar nossa angústia, aprendendo, aos poucos, a nos livrarmos do *não* – de nossa resistência – e dizer *sim* – aprendendo a aceitar a vida como ela é.

Estamos fadados a perder muitas coisas na vida. Assim é a própria existência humana. Não importa. Só não perca o presente. Nada há de mais valioso que a plenitude da vida neste exato momento.

A chave para viver o presente, como também descobri, é ser capaz de se concentrar no que é duradouro e aceitar o que é passageiro. É nos ancorarmos em nossa conexão essencial com a vida enquanto dizemos sim a situações transitórias – algumas prazerosas, outras dolorosas. Deixe o efêmero passar, deixe o duradouro durar.

Ao nos concentrarmos no que dura – na vida em si, na natureza, no universo –, conscientizamo-nos do efêmero, usufruindo com mais intensidade a preciosidade e a evanescência de todas as experiências. Por sua vez, ao nos tornarmos mais conscientes de que as experiências não se prolongarão para sempre, reagiremos com menos intensidade a situações de conflito – afinal, qualquer que seja o problema, ele também vai passar – e acharemos mais fácil explorar as oportunidades do presente para chegar ao sim com os outros.

Da resistência à aceitação

Se o primeiro passo para dizer *sim* à vida é reenquadrar o panorama da vida para vê-la como amistosa, o segundo passo é se manter no presente – um lugar de alto desempenho e satisfação. Aceitar a vida exige dizer *sim* ao passado, livrando-se dos ressentimentos e mágoas persistentes; e também ao futuro, libertando-se das preocupações inúteis e substituindo o medo pela confiança. E ainda requer dizer *sim* ao presente, descartando as expectativas e aproveitando o momento. Nem sempre é fácil, evidentemente. É preciso ter força para esquecer o passado, coragem para confiar no futuro e foco disciplinado para se manter no presente, em meio aos constantes problemas e dispersões da vida. Por mais árduo que seja o desafio, no entanto, as recompensas do bem-estar interior, dos acordos mutuamente satisfatórios e dos relacionamentos saudáveis mais do que compensam todas as dificuldades.

Depois de examinar nossas atitudes em relação à vida, é hora de analisar nossas atitudes em relação às pessoas com quem nos relacionamos. Dizer sim à vida nos prepara para o desafio seguinte, que é dizer sim aos outros.

SIM INTERIOR

- ① Coloque-se no *seu* lugar — SIM PARA SI MESMO
- ② Desenvolva sua Batna interior
- ③ Reenquadre seu panorama — SIM PARA A VIDA
- ④ Mantenha-se no presente
- ⑤ **Respeite os outros** — SIM PARA OS OUTROS
- ⑥ Saiba dar e receber

CAPÍTULO 5

Respeite os outros

DA EXCLUSÃO À INCLUSÃO

> *Ele traçou um círculo que me excluía,*
> *Herético, rebelde, objeto de escárnio.*
> *Mas o amor e eu soubemos vencer.*
> *Traçamos um círculo que o incluía.*
>
> — EDWIN MARKHAM

O clima era de tensão. Havia 60 pessoas na sala, 40 da administração da empresa e 20 do sindicato, prestes a iniciar a negociação do acordo trabalhista. As relações estavam estremecidas havia décadas, com muitas greves prolongadas e numerosas disputas judiciais. Dessa vez, tudo indicava que não seria diferente. "Sejamos sinceros. Só estamos aqui por uma exigência da lei", começou o principal representante da administração. "Não confiamos em vocês e não gostamos do que estão fazendo." O tom de voz era frio, hostil e depreciativo. No outro lado da mesa, os representantes do sindicato ferviam de raiva.

Dennis Williams, o líder sindical, sentiu ímpeto de contra-atacar, mas, em vez disso, controlou o impulso e respondeu em tom calmo e respeitoso: "Ouvi o que você disse e vou dizer por que estamos aqui. Estamos aqui para ver se conseguimos trabalhar juntos e fazer o melhor por seus empregados, as dezenas de milhares de pessoas responsáveis pelo sucesso da sua empresa."

Anos depois, Dennis me contou:

> Embora eu estivesse explodindo por dentro e meu instinto me dissesse para reagir no mesmo tom, percebi que isso não nos levaria a lugar algum. Meu pessoal ficou aborrecido comigo por não responder à altura, mas todos acabaram compreendendo que tínhamos que assumir uma posição conciliatória. E posso lhe garantir que a abertura que concedi deu o tom para o resto da negociação. Depois, muita gente do outro lado me procurou para elogiar minha atuação. Aquela pequena demonstração de respeito realmente mudou o curso da negociação. Foi uma das três vezes nos últimos 60 anos em que conseguimos chegar a um acordo sem muita briga.

Depois de participar de muitas negociações, descobri que a concessão mais barata que você pode fazer, a que lhe custa menos e lhe rende mais, é demonstrar respeito. Respeitar significa dar atenção positiva e tratar o outro com a dignidade com que você gostaria de ser tratado. Se queremos chegar ao sim com os outros, não há maneira mais eficaz de começar que demonstrando o respeito que todo ser humano merece.

No entanto, por mais benéfica que seja, trata-se, muitas vezes, de uma concessão difícil. Em uma situação ou um relacionamento hostil, talvez seja a última coisa em que pensamos. Tendemos a considerar que a outra parte não *merece* nosso respeito e que, primeiro, precisa conquistá-lo. Se o oponente não nos trata bem, por que deveríamos fazer isso? Se nos sentimos rejeitados, como aconteceu com o líder sindical, naturalmente também rejeitamos. Se nos sentimos atacados, por impulso também atacamos. É um ciclo infindável de destruição mútua, conforme observei inúmeras vezes, em âmbito familiar, empresarial ou comunitário. Quase sempre, os resultados são perdas para todos os lados.

Como sugere, porém, a história das negociações tensas entre o sindicato e a administração, basta, em geral, que uma pessoa reformule suas atitudes em relação à outra – de antagonismo e rejeição para respeito e aproximação – para mudar o tom e o resultado de uma conversa difícil. Podemos ser essa pessoa. Quando demonstramos respeito pela outra parte, ela tende a fazer o mesmo por nós. O respeito estimula a inclusão e a aceitação. Assim como fez o líder sindical, também podemos reverter o ciclo destrutivo e transformá-lo em um ciclo construtivo.

Para respeitar os outros não é preciso aprovar o comportamento da outra parte, nem mesmo gostar das pessoas. Apenas precisamos fazer a escolha consciente de tratar todo mundo com a dignidade que é direito inato de todos os seres humanos. O respeito transparece como um *comportamento*, mas se origina dentro de nós como uma *atitude*. Ele é, essencialmente, um *sim* aos outros – não às suas demandas, mas à sua humanidade fundamental. E não podemos respeitar verdadeiramente os outros sem, ao mesmo tempo, respeitarmos a nós mesmos.

Sendo assim, como encarar situações difíceis e mudar nossa atitude interna de antagonismo para respeito? É um processo natural que não pode ser forçado, apenas estimulado. Na verdade, uma atitude respeitosa começa a emergir organicamente de nosso interior como parte do processo de chegar ao sim com nós mesmos. Se já nos respeitamos colocando-nos no nosso lugar, teremos muito mais facilidade em respeitar os outros. Se fizermos a escolha de nos responsabilizarmos por nossa vida e por nossas ações, não seremos propensos a culpar os demais. Se dissermos sim à vida, tenderemos naturalmente a demonstrar respeito por todas as pessoas.

As situações mais conflituosas são um verdadeiro teste de resistência, mas três ações específicas podem ajudá-lo a reforçar a atitude de respeito: coloque-se no lugar do outro; expanda seu círculo de respeito; e, como sugere o poema no início do capítulo, respeite até aqueles que o rejeitam.

Coloque-se no lugar do outro

Enquanto eu escrevia este livro, passei alguns dias na fronteira entre a Turquia e a Síria, ajudando a conduzir entrevistas com líderes dos rebeldes sírios, no intuito de explorar possíveis aberturas para pôr fim à sangrenta guerra civil. Meus colegas e eu começávamos perguntando a cada líder como e por que ele se envolvera na luta. Uma coisa era ler ou ver as notícias, outra totalmente diferente era ouvir as narrativas em primeira mão de pessoas que viviam a história.

Esses líderes haviam sido, no passado, pediatras, dentistas, advogados, empresários ou estudantes. Em quase todos os casos, começaram fazendo protestos pacíficos e sofreram torturas terríveis praticadas pelos serviços de segurança. Muitos de seus entes queridos foram assassinados, em certos casos poucos dias antes da entrevista. Eles estavam saindo de uma situação intolerável para conversar conosco e, em seguida, voltar ao inferno da guerra. As emoções eram palpáveis. Meus colegas e eu nos comovemos e nos chocamos ao nos imaginarmos no lugar de nossos interlocutores. Com muito mais intensidade do que havíamos previsto, sentíamos a dor alheia.

Nossa última entrevista foi com um jovem robusto, de barba farta, com pouco menos de 30 anos, muçulmano do movimento salafista ultraconservador e comandante de 3 mil combatentes. Ele parecia o estereótipo ocidental de um terrorista fundamentalista. Quaisquer preconceitos que por acaso tivéssemos, no entanto, logo se dissiparam ao ouvirmos a história dele. Perguntamos por que ele tinha aderido à luta.

Ele estava na universidade e estudava poesia. Nascido em uma família de poetas, ganhara um prêmio numa competição nacional. Aos 17 anos, havia sido preso por escrever um poema que os serviços de segurança consideraram subversivo. Preso e torturado em três ocasiões, juntou-se à luta depois que manifestantes pacifistas, seus colegas, foram massacrados. Estava apaixonado por uma jovem que morava no Egito e que ele esperava ver de novo caso sobrevivesse.

Quando lhe perguntamos qual era sua maior preocupação caso seu lado vencesse, ficamos surpresos ao ouvi-lo responder que receava o extremismo religioso. Embora acreditasse na lei islâmica, achava que ela não devia ser imposta a ninguém. "Não vou sacar uma arma e forçar minhas ideias aos outros." Quando, ao fim da entrevista, perguntei se tinha alguma mensagem que gostaria que transmitíssemos em nosso país, ele respondeu: "Sim. Quando as pessoas assistem a esse conflito de longe, talvez pensem que somos apenas números", disse. "Por favor, coloquem-se em nosso lugar e imaginem que sua filha ou sua mulher seja um dos números. Cada um desses números significa uma vida e uma alma."

A experiência foi, para mim, mais uma confirmação da sabedoria de descartar os preconceitos e, em vez disso, colocar-se no lugar do outro, com seus sonhos, amores e mágoas. Como disse o poeta H. W. Longfellow: "Se pudéssemos ler a história secreta de nossos inimigos, encontraríamos nas tristezas e nos sofrimentos de cada um deles razões suficientes para desarmar toda a hostilidade." Talvez a maneira mais fácil de mudar nossa atitude de antagonismo para respeito seja nos colocarmos no lugar do outro.

Para demonstrar respeito pelos entrevistados, destinamos três horas a cada entrevista, de modo que os líderes tivessem tempo suficiente para contar suas histórias e se sentirem ouvidos. E o gesto foi notado. Muitos dos entrevistados nos disseram que éramos os primeiros estrangeiros que lá chegavam e realmente os escutavam. Naquela atmosfera de respeito mútuo, não só passamos a compreender melhor o conflito como também a preparar o terreno para um trabalho futuro, com uma solução liderada pela Síria.

Como tenho observado em meu trabalho de mediação, geralmente ouvimos os outros a partir do *nosso* enquadramento de referência, julgando o que dizem do nosso ponto de vista. Imbuídos de uma atitude de respeito genuíno, podemos praticar a arte de ouvir os outros a partir do enquadramento de referência *deles*, do ponto de vista deles. Devemos escutar não só as palavras, mas também os pensamentos e os sentimentos não expressos. Precisamos apreender o conteúdo do que está sendo dito, mas também considerar o ser humano que o manifesta.

O simples ato de se imaginar no lugar dos outros é muito mais poderoso do que se pensa. Como é o mundo sob o olhar do outro? Como é ser essa pessoa? Se eu tivesse vivido a vida dela, como eu agiria e reagiria? Sempre me surpreendo com a exatidão com que somos capazes de compreender o outro simplesmente compartilhando a humanidade comum. Nossa capacidade de empatia é um talento muito pouco explorado. E, se realmente conhecermos o outro e o que ele quer, torna-se naturalmente muito mais fácil chegar a um acordo.

Paradoxalmente, se quisermos conhecer melhor os outros e suas preocupações, talvez não haja melhor preparação que desenvolver a autoconsciência. Uma equipe de psicólogos liderada pelo professor David DeSteno recrutou 39 pessoas da área de Boston para um experimento inusitado. Vinte delas receberam a incumbência de fazer um curso de meditação de oito semanas, com uma aula semanal, e depois praticar em casa, enquanto as 19 restantes foram informadas de que tinham sido incluídas na lista de espera.

No fim do período de oito semanas, foram todos convocados para um experimento de laboratório. Ao entrar na sala de espera sozinho, cada participante encontrava três cadeiras, duas delas já ocupadas. Depois que ele se sentava, uma quarta pessoa entrava na sala, de muletas, usando uma bota ortopédica, com uma nítida expressão de dor ao se recostar com desconforto na parede. Nenhuma das duas outras pessoas, que trabalhavam para o experimentador, se levantava da cadeira. Os pesquisadores queriam saber se os participantes do experimento cederiam seu lugar ao indivíduo supostamente com problema de locomoção.

Resultado: 50% dos participantes que tinham praticado meditação cederam a cadeira, em comparação com 16% dos participantes que não tinham meditado. DeSteno explica essa grande disparidade com base na capacidade comprovada da meditação de melhorar a atenção – ou seja, de aguçar nossa percepção do outro –, assim como de desenvolver a visão de que todos os seres humanos estão conectados. "O aumento da compaixão de quem medita, portanto, poderia decorrer diretamente da capacidade da meditação de dissolver as distinções sociais artificiais – etnia, religião, ideologia, entre outras – que nos segregam", escreveu DeSteno. Assim, tudo se resume ao respeito básico: à capacidade de *enxergar* outro ser humano. Depois de nos vermos a partir de uma nova perspectiva após a meditação, também nos tornamos capazes de lançar um novo olhar sobre o outro.

O paradoxo que se constata nessa pesquisa é impressionante. Ao se voltarem para *dentro* de si mesmas através da prática da meditação, as pessoas se tornam mais capazes de olhar para *fora* de si, demonstrando gentileza.

Expanda seu círculo de respeito

Larry se casou com uma americana descendente de mexicanos e se tornou o primeiro não hispânico na família dela, o que provocou tensão com os parentes, em especial com o cunhado, José. Dez anos mais tarde, José convidou Larry para tomar uma cerveja. Depois de algumas amenidades, José respirou fundo e foi direto ao ponto. "Ele se desculpou", recordou Larry. "Disse que no início não queria um gringo na família. Por debaixo dos panos, tentou convencer a irmã a romper comigo. Também confessou que, durante todos aqueles anos, não se sentiu bem com essa atitude. Finalmente, decidiu que era hora de consertar as coisas." José mudou sua atitude para com Larry, da rejeição para o respeito. Depois de tanto tempo, acabou aceitando Larry na família e, ao mesmo tempo, resolveu um velho conflito, oculto porém incômodo.

Todo mundo se sente rejeitado e excluído em algum momento da vida. Quando crianças, muitos sofremos com a dor de sermos ignorados ou negligenciados pelos pais, assediados ou maltratados pelos colegas, ou até discriminados nas atividades esportivas. Como adultos, frequentemente nos enraivecemos ao nos sentirmos excluídos, por exemplo, quando não somos convidados pelo chefe para uma importante reunião, ou nossos colegas não nos chamam para uma happy hour depois do trabalho, ou, simplesmente, quando temos nossas ideias ou necessidades ignoradas pelos membros dos grupos aos quais pertencemos.

Em situações mais sérias, podemos ser excluídos de oportunidades, destituídos de direitos e privilégios ou menosprezados por certas pessoas e até pela sociedade em geral por causa da cor da pele, da aparência física, do gênero ou da inclinação sexual, da nacionalidade ou da herança étnica, da religião, ou por numerosas outras razões. Ser segregado, ver nossos interesses, opiniões e direitos ignorados, pode deixar marcas profundas.

Esses sentimentos dolorosos de exclusão se situam no âmago da grande maioria dos conflitos que testemunhei em meu trabalho. Israelenses e palestinos, protestantes e católicos irlandeses, sérvios e croatas – ouvi com atenção e sem pressa suas longas histórias de humilhações e discriminações, histórias que, em geral, remontam a muitas gerações. Esses sentimentos provocam conflitos e com frequência levam a manifestações de violência.

No ambiente de negócios, várias vezes presenciei rupturas de relacionamentos e explosões de conflitos em consequência da percepção de deslizes, como não convidar um sócio ou parceiro para uma importante reunião empresarial. E muitas brigas familiares são causadas pela sensação de ser tratado com menos consideração que outro membro da família: por que o pai escolheu o irmão mais novo para dirigir o negócio da família em vez do irmão mais velho? Ou a irmã em vez do irmão?

O único remédio para a ferida da rejeição e da exclusão é o bálsamo do reconhecimento e da aceitação – em outras palavras, a inclusão. Seja um desentendimento familiar, um conflito étnico ou uma tensão no local de trabalho, uma maneira de começar a resolver o conflito é mudar nossa atitude e expandir conscientemente nosso círculo de respeito, a fim de abranger outras pessoas que, de início, talvez não quiséssemos incluir.

Enquanto eu estava escrevendo este capítulo, tive a oportunidade de percorrer o interior de uma grande fábrica que enfrentara sucessivos tumultos e de conversar com os trabalhadores sobre como se sentiam depois de a empresa ter sido comprada por outra. No enorme galpão, máquinas imensas funcionavam ruidosamente. O operador de um dos maiores equipamentos se afastou por um momento de seu posto de trabalho para falar comigo, retirando os óculos de segurança e os protetores auriculares. Perguntei-lhe se ele sentira alguma diferença desde a mudança de propriedade. "Sim", respondeu. "A diferença é que eles *nos ouvem*." Essa foi a essência da mudança. A administração anterior tratava os funcionários como autômatos remunerados e os excluía de qualquer decisão. A nova administração parecia se esforçar com sinceridade e persistência para reconhecer os empregados como seres humanos, detentores de dignidade e talento, e para receber de bom grado suas ideias e sugestões, destinadas a melhorar o desempenho da fábrica. Nessas condições, eles passaram a se sentir importantes e respeitados.

A nova atitude da administração não se limitou ao discurso, refletindo-se também nas ações. Muitos trabalhadores se lembraram do que haviam passado durante a crise financeira de 2008, quando outras empresas, inclusive concorrentes, demitiram empregados para reduzir custos. Eles temiam que ocorressem novas demissões coletivas, porque os antigos proprietários tinham cortado pessoal em muitas recessões anteriores. Dessa vez, porém, para surpresa deles, o presidente sugeriu que todos os funcionários entrassem em licença não remunerada de seis semanas, para que ninguém fosse demitido. Esse foi um exemplo significativo do princípio da inclusão e do reconhecimento da importância de todos os colaboradores e das respectivas famílias. Antes e depois da crise financeira, muitas outras fábricas fecharam as portas, sob a pressão da competição global e de choques entre empregados e administração. Nesse caso específico, tanto os funcionários quanto a administração atribuíram a retomada dos bons resultados da empresa, em grande parte, à nova atitude de respeito entre as partes, que inspirou as pessoas a dar o melhor de si.

Poucos líderes políticos desenvolveram mais a capacidade de expandir seu ciclo de respeito do que Abraham Lincoln. Homem de grande coração, coube a ele liderar os Estados Unidos em sua hora mais sombria, a devastadora Guerra de Secessão. Durante os últimos meses do conflito, Lincoln falou publicamente sobre a necessidade de curar as feridas da nação e de tratar com generosidade o Sul derrotado. Em certa ocasião, na Casa Branca, quando Lincoln se referia com empatia aos problemas enfrentados pelo Sul, uma mulher o censurou. "Senhor presidente", protestou, "como o senhor ousa se referir com gentileza aos nossos inimigos, quando sua obrigação seria pensar em como destruí-los?" Lincoln fez uma pausa e respondeu: "Senhora, por acaso eu não destruo os meus inimigos quando os converto em amigos?"

Com base na lição de Lincoln, podemos olhar ao redor e nos perguntar se em nossa vida há "inimigos" que possamos "destruir", transformando-os em amigos.

Respeite os outros, mesmo que o rejeitem

E se a pessoa no outro lado da mesa nos rejeitar, como acontece com muita frequência nas situações de conflito? Quando nos sentimos rejeitados – quando temos nosso ponto de vista desprezado ou contestado, ou nossos interesses e necessidades ignorados – reagimos de maneira instintiva para nos proteger, recuando e contra-atacando. Nada é mais humano que erguer barreiras defensivas ao nosso redor quando nos sentimos atacados. Ao contra-atacarmos, porém, com mais rejeição e desrespeito, apenas perpetuamos o ciclo destrutivo e impossibilitamos o acordo.

Meu amigo Landrum Bolling, um pacifista renomado, me contou como foi ouvir, quando garoto no Tennessee, na década de 1930, o poeta Edwin Markham declamar o poema de que foi extraída a epígrafe deste capítulo. O poeta dramaticamente desenhou com os dedos no ar o círculo que o excluía; e então, com a mesma intensidade, traçou outro círculo muito maior, que envolveu a outra pessoa. Essa é a contestação radical à exclusão imposta pelos outros. Diante da rejeição, faça o oposto do que, a princípio, você se sente inclinado a fazer: em vez de rejeitar os outros, surpreenda-os com o respeito. Assuma a liderança e converta o ciclo de rejeição mútua em um ciclo de respeito mútuo. Foi o que fez o líder sindical na história que contei anteriormente.

Poucas situações são tão desafiadoras quanto as negociações envolvendo reféns. Tive a oportunidade de trocar experiências e conhecimentos com negociadores da polícia, profissionais que diariamente enfrentam situações nas quais bandidos mantêm reféns com o objetivo de conseguir algo em troca. Em geral, agentes especiais cercam o lugar onde se encontram o algoz e a vítima. Todos ficam em alerta máximo, prontos para atirar. Décadas atrás, o passo seguinte era puxar um megafone e anunciar: "Você tem três minutos para se entregar com as mãos levantadas!" Esgotado o prazo, a tropa de elite entrava em ação, com gás lacrimogêneo e disparos indiscriminados.

Em geral, a investida terminava com mortos e feridos – o refém, o sequestrador, um ou mais policiais.

Hoje, as forças policiais das grandes cidades onde são mais frequentes os incidentes com reféns adotam um método totalmente diferente. Antes de mais nada, convoca-se, juntamente com os policiais de operações especiais, uma equipe de negociadores profissionais para a libertação da vítima. A primeira regra é preservar a cordialidade. Garanta ao sequestrador a oportunidade de falar. Ouça com toda a atenção e reconheça o ponto de vista dele. Não reaja, mesmo se o sequestrador partir para o ataque verbal. Seja calmo e educado, paciente e persistente. Em outras palavras, respeite e aceite a pessoa que o está atacando e rejeitando. Reaja à exclusão com inclusão.

Na maioria esmagadora das situações com refém, a estratégia de tratar o sequestrador com o respeito humano básico costuma ser eficaz. Ela oferece ao sequestrador uma maneira de ele manter a própria dignidade. O processo pode durar muitas horas, mas, no final das contas, o sequestrador geralmente se entrega e liberta o refém são e salvo. As partes chegam ao sim.

Conforme demonstram os negociadores de reféns, aceitar as pessoas que nos rejeitam ou nos atacam não significa ignorar a injustiça e o mal, e sim demonstrar respeito pela humanidade, mesmo ao enfrentarmos delinquentes e psicopatas. Não significa dizer *sim* às suas demandas; como comprovam os negociadores de reféns, pode significar, muitas vezes, dizer *não*, mas de uma maneira *positiva*, que reconheça a dignidade inerente ao outro. Mesmo quando podemos estabelecer limites claros no intuito de proteger a nós mesmos e os demais, aceitar quem nos rejeita significa tratá-lo como um ser humano igual a nós.

Não parece natural respeitar quem nos ataca ou quem agride nossos entes queridos, mas isso é possível. Lembro-me da história de Azim Khamisa, um empresário americano cujo filho de 20 anos, Tariq, foi assassinado por um membro de uma gangue. Tariq estudava durante o dia e trabalhava à noite, entregando pizzas. Certa vez, ele chegou à porta de um apartamento e foi recebido por um garoto de 14 anos, chamado Tony, que pegou a pizza e atirou em Tariq. Era um ritual de entrada na gangue. "Quando recebi o telefonema informando que Tariq estava morto, foi como se minha alma tivesse abandonado meu corpo, tamanha era a dor", disse Azim, numa entrevista em que descreveu como se sentiu ao ouvir a notícia. "Foi como uma bomba nuclear explodindo em meu coração (...). Nas semanas seguintes, sobrevivi graças a orações, e logo recebi a bênção do perdão, chegando à conclusão de que havia vítimas dos dois lados da arma."

Essa foi a imagem admirável e compassiva de Azim da morte trágica do filho. Por meio de orações, ele começou a se libertar dos sentimentos sombrios e dos pensamentos dolorosos que ameaçavam varrer sua sanidade. Por fim, conseguiu reenquadrar a situação e passou a ver Tony com um novo olhar. Ao se colocar no lugar do assassino do filho, conseguiu perdoá-lo, mas sem jamais esquecê-lo.

Azim procurou o avô e tutor de Tony, Ples Felix. Profundamente comovido com o gesto de Azim, Ples aceitou sua oferta de perdão. "Tentei convencer Tony a se responsabilizar por suas ações, a atenuar a dor e o mal que tinha causado à família Khamisa", explicou Ples. "Ele desabou e chorou. 'Sinto muito', soluçou. Abracei-o e tentei consolá-lo. No dia seguinte, todos esperavam que Tony listasse suas justificativas, mas meu neto não conteve a emoção e o remorso, declarando-se culpado e implorando o perdão do Sr. Khamisa."

A escolha corajosa de Azim ao perdoar permitiu que Tony assumisse a responsabilidade por suas ações e sentisse a dor da culpa e do remorso em vez de sufocar seus sentimentos. O processo de cura de Azim se aprofundou ao incluir Ples e Tony. Juntos, Azim e Ples passaram a dar palestras em escolas para convencer os jovens a não usar a violência e criaram uma fundação para promover a causa. Azim foi convidado a fazer apresentações em todo o país, inclusive na Casa Branca. Cinco anos depois do assassinato, Azim visitou Tony na prisão e o convidou para trabalhar na fundação, quando fosse libertado. Tony disse ao avô: "Azim é um homem muito especial. Matei seu único filho e, mesmo assim, ele foi capaz de conversar comigo, me dar força e ainda me oferecer um emprego."

A história notável de Azim nos oferece algumas pistas sobre como mudar nossa atitude, passando da rejeição ao respeito. Mesmo ao sofrer uma violência extrema, Azim optou por repudiar a vingança e cultivar o respeito, reconhecendo Tony, o assassino de Tariq, como ser humano. Sem ser condescendente com o crime, ele preferiu perdoar Tony e incluir tanto ele quanto o avô no esforço comum para combater a violência entre os jovens, que custara a vida do filho. Azim encontrou uma nova missão na vida e obteve um senso profundo de realização pessoal. Quando o conheci, ele era um homem vibrante, que irradiava energia. Como no poema de abertura, Azim desenhou um círculo mais amplo e incluiu nele quem lhe infligira grandes dores.

Se essa estratégia de confrontar a rejeição com o respeito se aplica a situações extremas, como sequestros e homicídios, é muito mais fácil adotá-la nos conflitos do dia a dia. Na próxima vez que seu chefe, um colega ou seu cônjuge disser ou fizer algo que desperte em você o sentimento de rejeição e o impulso de reação, tente ir para o camarote em vez de se entregar a esses sentimentos nocivos. Coloque-se no *seu* lugar e lembre-se da Batna interior, o compromisso de cuidar de suas necessidades mais profundas.

Se você se sentir mais confiante em sua capacidade de construir a própria felicidade, será menos reativo aos comportamentos ofensivos dos outros. Ao tratar a si próprio com respeito, será mais fácil tratar os outros da mesma forma e aceitá-los como são, mesmo que de início o rejeitem. Não é fácil, evidentemente, mas, com prática e coragem, geralmente é possível converter o ciclo de rejeição mútua em um ciclo de respeito mútuo.

Da exclusão para a inclusão

O Caminho de Abraão é uma atração de turismo cultural no Oriente Médio que reconstitui os passos ancestrais do patriarca bíblico, reverenciado por mais da metade da humanidade – inclusive cristãos, muçulmanos e judeus. Contribuir para a reconstituição do Caminho foi uma de minhas grandes paixões. Na viagem inaugural, percorri de ônibus com outros 23 convidados cinco países, completando todo o percurso: de Harã, no norte da Mesopotâmia, de onde Abraão partiu em sua jornada 4 mil anos atrás, para Hebrom, no centro da Cisjordânia, onde está enterrado. Em Harvard, meus colegas e eu estudamos durante anos a possibilidade de restabelecer essa trilha como uma maneira de inspirar mais compreensão entre as culturas e religiões em choque. Enfrentamos muito ceticismo por parte de quem dizia que seria impossível atravessar essa região belicosa, mas estávamos decididos a provar o contrário.

Depois de 12 dias de viagem, parando aqui e ali para visitar lugares associados a Abraão e para conversar com líderes locais civis, religiosos e políticos sobre a possibilidade de reconstituir esse antigo caminho como uma trilha para caminhada de longa distância, atravessamos o rio Jordão e chegamos à cidade de Belém, na Cisjordânia palestina. A atmosfera era tensa, pois o dia marcava o segundo aniversário da morte do presidente palestino Yasser Arafat. Esperavam-se manifestações populares, para dizer o mínimo.

Visitamos a velha igreja construída no local que se supõe ser o do nascimento de Jesus e então atravessamos a rua para o Centro da Paz, na praça da Manjedoura. Lá tivemos uma reunião com 40 e tantos líderes palestinos de organizações sem fins lucrativos, instituições religiosas e órgãos públicos para apresentar o Projeto Caminho de Abraão e ouvir sugestões. O ministro do Turismo estava presente, assim como o governador de Hebrom, o presidente da Suprema Corte da Palestina e o imame da Mesquita de Ibrahim, onde Abraão teria sido sepultado.

Meu colega Elias abriu a reunião com algumas observações e então me passou a palavra, para que eu expusesse o projeto. Em seguida, abrimos a sessão para perguntas e propostas de nossos colegas palestinos, dando a cada um a oportunidade de falar, para só depois fazermos nossa réplica. Embora alguns dos comentários tenham sido positivos, outros foram de advertência e crítica, e outros ainda expressaram desconfiança e hostilidade, e até agressividade.

"Essa ideia é vaga e ambígua", declarou um líder. "Qual é o projeto de negociação global que gerou essa iniciativa? Quem está por trás disso? Isso tem alguma ligação com agências de inteligência ou com governos estrangeiros?" Quando surgiu a questão das agências de inteligência, ouviram-se tiros na praça. O nervosismo na sala era palpável.

Então outro líder falou: "Convoco os proponentes desse projeto para responder aos clamores das ruas palestinas. Com base em nossa experiência, temos muito medo de conspirações. Quais são os participantes? Qual é o papel de Israel em tudo isso?" E, em seguida, outro também se manifestou: "Quantos palestinos participarão do conselho? Vocês precisam assumir uma posição política clara em favor da Palestina. Para nós, a paz é uma questão de vida ou morte." O nível de tensão na sala aumentava à medida que cada líder procurava superar o anterior em radicalismo. Finalmente, depois de duas horas de comentários críticos duros, todos os olhos se voltaram para nós. Elias pediu que eu respondesse.

Eu não sabia bem o que dizer. Enquanto estava sob ataque, começara a me questionar: *Seria o Caminho de Abraão apenas um sonho, concebido por forasteiros ingênuos, fadado ao fracasso como tantos outros projetos bem-intencionados?* Sentia que o meu sonho tão acalentado começava a se esvair ao ser exposto à dura e fria realidade. Mas então consegui me refugiar no camarote, observar meus pensamentos e sentimentos, me acalmar e voltar a encarar o desafio que se erguia diante de mim. Depois de tantas trocas ríspidas, como eu poderia diminuir a desconfiança e conquistar o apoio dos críticos enquanto mantinha o projeto em termos apolíticos? Percebi que, se tentasse abordar criteriosamente cada um dos temas, eu pareceria estar na defensiva e apenas agravaria as suspeitas. Não importava o que eu dissesse, não seria suficiente para satisfazê-los.

Tentei ver com outros olhos os líderes céticos, colocando-me no lugar deles. Sob a camada de desconfianças e comentários críticos, eu ouvia as feridas da exclusão, compreensivelmente forte para pessoas naquelas circunstâncias. O único remédio que eu conhecia para isso era a inclusão. Concluí que havia apenas uma coisa a fazer: ficar do lado deles.

"Agradeço seus comentários. Amigo é quem diz a verdade, mesmo quando é difícil de ouvir", falei ao grupo de líderes palestinos. "Compreendo sua desconfiança – ela é produto de suas experiências dolorosas. Estão certos ao levantarem esses receios e dúvidas. O ponto mais importante é o seguinte: vocês se referem a nós como líderes do projeto, mas não é assim que nos vemos. Sim, estudamos o potencial social e econômico do Caminho. Os verdadeiros líderes, no entanto, só podem ser os povos da região, e aqui, neste lugar, os líderes devem ser palestinos. Podemos estudar as possibilidades e podemos oferecer apoio para superar os obstáculos, mas o papel de liderança pertence a vocês. E não há pressa. Podemos esperar até que afirmem que estão prontos. Digam-nos o que *vocês* gostariam de fazer."

Em vez de contestar as críticas ou defender o projeto, reconheci as preocupações e os convidei a assumir a liderança. Foi um risco calculado, evidentemente – o projeto poderia ter acabado naquele momento –, mas que considerei necessário.

A atmosfera mudou nitidamente. De repente, a bola estava no campo deles. Começaram, então, a conversar entre si sobre o que fazer. Um declarou considerar o projeto proveitoso para o povo da Palestina. Aos poucos, começaram a assumir a ideia e, finalmente, um dos críticos mais acirrados afirmou que estava otimista quanto à iniciativa. Tanto o ministro do Turismo quanto o imame pareciam realmente entusiasmados. Todos começaram a relaxar enquanto nos dirigíamos ao local do jantar. Foi uma reviravolta em relação à conversa hostil anterior. Naquele momento, começamos a chegar ao sim.

Durante o jantar, um colega me perguntou: "A minha sensação foi de que havia 40 rifles apontados contra nós. Como você conseguiu se esquivar das balas?" Na verdade, eu simplesmente tentei responder à rejeição com respeito, à exclusão com inclusão, ou, em outras palavras, ao *não* com *sim*.

Naquela reunião nasceu o Caminho de Abraão. A Cisjordânia, o lugar que tínhamos imaginado que seria a área mais desafiadora do percurso, se tornaria, nos anos seguintes, a região de maior participação local, com mais comunidades envolvidas e mais peregrinos percorrendo a trilha. Desde aquela viagem inaugural, o Caminho de Abraão se converteu em uma conhecida atração cultural e religiosa, envolvendo diferentes países do Oriente Médio. Ele passou a receber milhares de peregrinos de todo o mundo, principalmente depois de ter sido reconhecido pela revista *National Geographic Traveller* como a melhor nova trilha de caminhada do mundo. Embora ainda tenha poucos anos, sua promessa duradoura numa região onde não faltam dor e desespero é promover a compreensão, a prosperidade e a esperança.

Mudar a dinâmica de uma interação ou um relacionamento difícil de antagonismo e rejeição para respeito, em especial quando as partes se sentem sob ataque, é bastante desafiador, mas as recompensas são grandes. Ao respeitarmos, maior também é a probabilidade de que sejamos respeitados. Se dissermos *sim* à dignidade básica do outro, fica muito mais fácil chegar ao *sim* e nossos relacionamentos em casa, no trabalho e em qualquer outro contexto se tornam muito mais produtivos e satisfatórios.

Resta um último desafio no processo de chegar ao sim com você mesmo: abandonar a mentalidade ganha-perde, que com tanta frequência nos impede de alcançar soluções mutuamente satisfatórias.

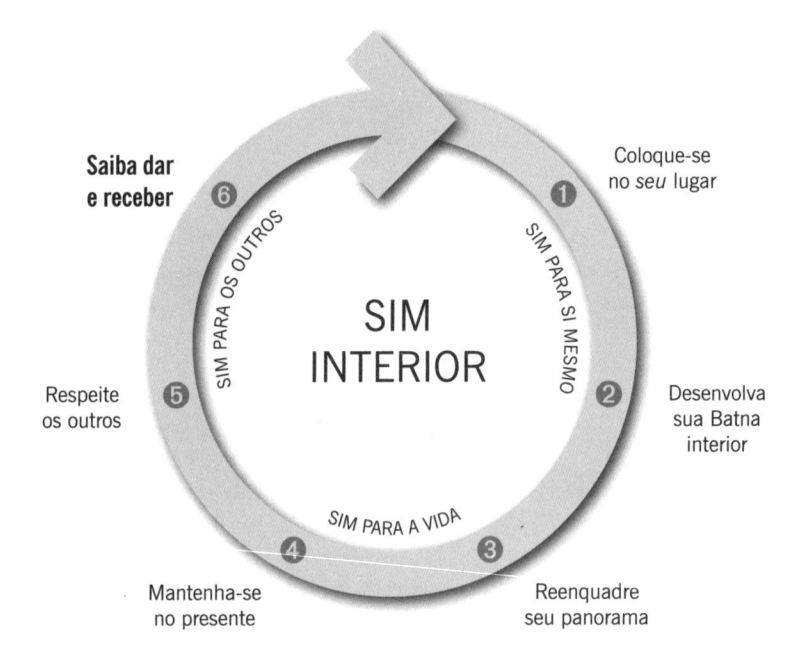

Saiba dar e receber ⑥

① Coloque-se no *seu* lugar

SIM PARA OS OUTROS

SIM PARA SI MESMO

SIM INTERIOR

② Desenvolva sua Batna interior

Respeite os outros ⑤

SIM PARA A VIDA

④ Mantenha-se no presente

③ Reenquadre seu panorama

CAPÍTULO 6

Saiba dar e receber

DE GANHA-PERDE PARA GANHA-GANHA-GANHA

Esta é a verdadeira alegria da vida: ser instrumento de um propósito que você próprio considera importante (...). Acredito que minha vida pertence a toda a comunidade, e, enquanto eu viver, é um privilégio fazer o que posso por ela.

— GEORGE BERNARD SHAW, *Man and Superman*

Por mais difícil que possa ser encontrar, em nossas negociações, soluções nas quais todas as partes saiam ganhando, acredito que o processo de chegar ao sim com você mesmo nos permite almejar um objetivo ainda mais audacioso. Ele nos convida a buscar resultados ganha-ganha-ganha, ou seja, vitórias não só para nós e para o outro lado, mas também para todo o contexto mais amplo – para a família, para o trabalho, para o país e até para o mundo. Nos divórcios, quando os cônjuges lutam um com o outro, como atender às necessidades dos filhos? Nas disputas trabalhistas, como manter a saúde financeira da empresa para que continue oferecendo emprego aos funcionários e sustento às respectivas famílias? Nos conflitos étnicos, como preservar a segurança das pessoas?

O segredo para encontrar soluções ganha-ganha-ganha que sirvam a todos é mudar a abordagem do jogo de *tomar* para *dar*. Tomar é conseguir resultados apenas para si mesmo, ao passo que *dar* é criar valor também para os outros, não apenas para si mesmo. Se *tomar* é, basicamente, um *não* aos outros, dar é um *sim* a todos. Dar constitui o âmago da cooperação, um comportamento que emerge de nosso interior como uma atitude-padrão em relação aos demais. Quase todos somos doadores em certos contextos, como quando estamos com a família, com amigos e com colegas próximos. Mas como fazer para cultivar a atitude de doação e de cooperação com quem não é tão próximo ou mesmo com aqueles com quem estamos em conflito? Este é o desafio.

Em todos esses anos ensinando métodos de negociação ganha--ganha, observei como as pessoas muitas vezes iniciam o processo pela abordagem cooperativa apenas para recair no comportamento ganha-perde no momento em que enfrentam conflitos reais. No calor da discussão, quando as emoções estão à flor da pele, com frequência nos deixamos dominar pelo medo da escassez. Receamos que, se colaborarmos, não haverá o suficiente para atender às nossas necessidades ou seremos explorados pelo outro lado.

É bastante tentador nos concentrarmos apenas na conquista de resultados para nós mesmos em vez de na criação de valor para os outros *e* para nós. No entanto, por mais difíceis que as pessoas às vezes sejam, a oportunidade de mudar o jogo para ganha-ganha-ganha está em nossas mãos. Podemos abrir o caminho analisando e mudando nossa própria atitude.

Quaisquer que sejam os desafios, são enormes os benefícios resultantes de adotar a atitude básica de dar em nossas negociações, assim como em nossa vida. Em seu livro *Dar e receber*, o professor Adam Grant, da Wharton Business School, apresenta evidências impressionantes, baseadas em estudos acadêmicos, de que as pessoas mais bem-sucedidas na vida são "doadores", não "tomadores". É claro que é importante ser inteligente nas doações e cuidadoso com os tomadores, para não se prejudicar. Mas as pesquisas sobre os benefícios tangíveis das doações são reveladoras. Por exemplo, um estudo realizado por Grant concluiu que os vendedores que se esforçam para prestar bons serviços aos clientes ganham mais do que os colegas que só se preocupam com as próprias comissões. Outro estudo demonstrou que quem doa mais dinheiro para instituições de caridade tende a ser mais feliz e, em geral, tem renda superior à média. Os dados sugerem que doar é eficaz em parte porque aumenta a probabilidade de que alguém faça algo bom para o doador. Ser generoso, portanto, é o caminho para a satisfação pessoal, tanto interna quanto externa.

Sendo assim, como fazer para fortalecer a generosidade em nossas negociações? Vale observar que todos os passos anteriores para chegar ao sim com você mesmo levam a esse ponto. Se sentimos dentro de nós um senso de satisfação e de suficiência, fica mais fácil doar aos que nos cercam, mesmo quando essas pessoas são difíceis. Depois de atender às nossas necessidades mais profundas, fica mais fácil atender às necessidades dos outros. E, quando respeitamos os outros, já estamos adotando, sob certo aspecto, uma atitude de doação.

O medo da escassez, no entanto, pode ser muito forte. Para cultivar a generosidade, é útil enraizar esse comportamento em nosso interesse, em nosso prazer e em nosso propósito. Em outras palavras, doar para o ganho mútuo, doar pela alegria e pelo significado, e doar o que se tem para doar.

Doar para o ganho mútuo

O milionário chinês Li Ka-Shing, que, embora tenha enfrentado dificuldades e pobreza na infância, veio a se tornar um dos homens mais ricos do mundo, revelou certa vez em uma entrevista os segredos do seu sucesso nos negócios. Um deles, disse, era sempre tratar os parceiros com justiça e, na verdade, dar-lhes um pouco mais do que recebe deles. Todos queriam se associar a ele e foram esses parceiros que o ajudaram a ficar rico.

A primeira maneira de fortalecer nossa atitude de doação é compreender como criar valor para os outros pode nos ajudar a atender às nossas necessidades. Dar não significa necessariamente sacrificar nossos interesses. Não exige que nos tornemos madre Teresa nem Mahatma Gandhi. Também não significa ceder às exigências da outra parte. A generosidade nas negociações significa buscar ganhos mútuos, ajudando os outros ao mesmo tempo que ajudamos a nós mesmos. Essa é a essência da negociação ganha-ganha.

Os negociadores mais bem-sucedidos que eu conheço tendem a ser pessoas que se concentram em cuidar dos interesses e necessidades da outra parte, ao mesmo tempo que procuram atender às próprias necessidades. Agindo assim, encontram maneiras de criar valor e de aumentar o bolo para os dois lados, e acabam conseguindo, em geral, acordos melhores do que os alcançados por quem tenta conquistar o máximo possível para si próprio às custas dos outros. Em uma análise abrangente de 28 estudos sobre simulações de negociações, liderada pelo psicólogo holandês Carsten De Dreu, constatou-se que os negociadores mais bem-sucedidos praticavam uma abordagem cooperativa, que consiste em atender às necessidades de *ambas* as partes.

Ao lidar com qualquer conflito ou negociação, temos quatro escolhas possíveis, dependendo da importância que atribuímos aos nossos interesses e aos do outro lado. Podemos adotar uma abordagem dura de antagonismo ganha-perde, em que só nos preocupamos com os nossos interesses. Podemos seguir um estilo brando de acomodação, em que só demonstramos preocupação com os interesses do outro lado, não com os nossos. Podemos escolher uma abordagem de fuga, em que não falamos sobre a questão, não revelando interesse nem pelos objetivos da outra pessoa nem pelos nossos. Ou podemos escolher uma abordagem ganha-ganha, em que nos importamos *tanto* com os interesses da outra pessoa *quanto* com os nossos.

Grande parte de meu trabalho de ensinar técnicas de negociação e de orientar partes em conflito consiste em ajudar as pessoas a percorrer o caminho entre as duas abordagens: da antagônica ganha-perde para a cooperativa ganha-ganha. Em geral, elas aprendem da maneira mais difícil, primeiro chegando a um resultado em que todos perdem. Embora a abordagem de antagonismo geralmente se revele dispendiosa e ineficaz, a abordagem de acomodação não se sai muito melhor. Se dermos tudo para agradar os clientes, talvez não tenhamos condições de continuar muito tempo no mercado para poder servi-los. Se, ao cuidar dos pais idosos, nos sacrificarmos e nos exaurirmos demais, talvez fiquemos esgotados e não mais tenhamos condições de ajudar. A terceira abordagem, a de fuga, também oculta armadilhas: se ninguém fala sobre o conflito, ele tende a piorar. No final das contas, criar valor para ambos os lados geralmente garante os acordos e os relacionamentos mais eficazes e mais sustentáveis.

Em seu livro, Adam Grant cita o exemplo de Derek Sorenson, um atleta de alto nível que se tornou negociador profissional de um time importante, com a atribuição de negociar os contratos com novos jogadores. Numa dessas tentativas de acordo, ele se reuniu com o agente de um jovem jogador altamente promissor. Sorenson fez uma oferta baixa, adotando a abordagem ganha-perde e agindo como "tomador". O agente deixou clara sua frustração várias vezes, observando como outros jogadores do mesmo nível estavam ganhando salários muito mais altos. Sorenson, porém, não recuou um milímetro e o agente acabou cedendo. Mesmo que tivesse sido uma derrota para o jogador e para o agente, parecia uma vitória para Sorenson, que economizou para o time milhares de dólares.

No entanto, em casa, naquela noite, Sorensen teve uma sensação desagradável. "Percebi durante a conversa que o agente estava muito transtornado. Levantou alguns pontos sobre jogadores do mesmo nível e, no auge da discussão, eu provavelmente já não estava ouvindo muito. Acho que ele saiu com um gosto ruim na boca." Sorenson reconheceu o custo potencial daquela abordagem ganha-perde para o relacionamento com o atleta, assim como para a sua reputação. Voltou, então, a falar com o agente e atendeu às reivindicações iniciais, oferecendo milhares de dólares a mais ao jogador. Percebeu que assim estava construindo uma predisposição favorável entre as partes. "O agente se mostrou extremamente reconhecido e me procurou quando o contrato do jogador estava prestes a expirar. Agora, ao olhar para trás, sinto-me realmente feliz por ter agido daquela maneira. Minha atitude definitivamente melhorou nosso relacionamento e ajudou a organização." Quando começamos a perceber como é proveitosa a doação para o ganho recíproco, como aconteceu com Sorenson, ficamos tão motivados quanto ele para mudar nossa atitude de tomador para doador.

Também é importante que os benefícios da doação se estendam para muito além do interesse material próprio.

Doar pela alegria e pelo significado

Em minhas aulas de negociação costumo apresentar a fábula de Esopo "O Vento Norte e o Sol". Um dia eles começaram a discutir qual dos dois era mais poderoso. Incapazes de resolver a questão por meio de argumentos, resolveram fazer um teste. Do alto do céu, olharam para a terra e avistaram um jovem pastor. O Vento Norte e o Sol estipularam que quem conseguisse arrancar o manto dos ombros do garoto seria considerado o mais poderoso.

O Vento Norte foi o primeiro a tentar. Soprou, soprou e soprou, com toda a força possível, na tentativa de retirar o manto que encobria o jovem. Quanto mais forte soprava, no entanto, mais o pastor se agarrava ao pano e se recusava a soltá-lo. Finalmente, depois de algum tempo, o Vento Norte fez uma pausa para respirar. Chegou, então, a vez do Sol. O Sol apenas brilhou, como faz naturalmente, e envolveu o jovem com seu calor. "Que lindo dia!", disse o jovem. "Acho que vou me deitar na grama e tomar um banho de sol." Então tirou o manto e o estendeu no chão. E, assim, o Sol venceu a disputa com o Vento Norte.

Acho que essa velha fábula tem muito a nos ensinar sobre o valor de se doar. Se a atitude do Vento Norte foi *tomar*, a do Sol foi *doar*. A natureza do Sol é brilhar – não importa que a pessoa seja rica ou pobre, boa ou má, ele brilha para todos. É o exemplo mais típico da abordagem espontânea ganha-ganha-ganha. E, como sugere a fábula, a atitude do Sol foi mais satisfatória e poderosa que a do Vento Norte.

Para cultivar a generosidade é essencial descobrir a pura alegria de se doar. Da mesma maneira que o Sol brilha porque essa é a sua função, não porque espera alguma retribuição, podemos descobrir o prazer de nos doar espontaneamente sem pensar em receber uma retribuição direta e imediata. Talvez a doação apenas pelo prazer de sermos generosos seja aquilo que nos oferece, no final das contas, a mais alta satisfação.

Nunca esquecerei uma lição de vida que aprendi com uma menininha de 5 anos chamada Haley, neta de amigos nossos, que caíra seriamente doente, com leucemia. Lizanne e Gabi, então com 3 anos, foram visitá-las no hospital quando minha filha também estava lá para uma de suas inúmeras consultas médicas. Encontraram Haley em estado muito grave, com o rosto tão inchado que mal dava para reconhecê-la, totalmente sem cabelo, deitada muito pálida e frágil na cama. Ao ver Gabi, Haley virou-se para a mãe e cochichou no ouvido dela. A mãe se desculpou e se ausentou por um momento, desceu até a loja de presentes do hospital e voltou para o quarto com uma grande letra G de pelúcia para Gabi.

Não foi só o rosto de Gabi que se iluminou, mas também o de Haley. Ela já conhecia, desde cedo, o prazer de fazer outra criança sorrir. Mesmo naquelas condições terríveis, à beira da morte, Haley foi capaz de sentir a alegria de doar pelo amor de doar.

Quando descobrimos a alegria da generosidade, doamos por nos sentirmos impelidos a fazer isso. Numa primeira fase, damos aos outros simplesmente para receber algo em troca. Talvez até tratemos o relacionamento com os outros como uma transação comercial. Numa segunda fase, porém, damos sem esperar um retorno direto tangível.

"Meu padrão é doar", disse Sherryann, uma executiva entrevistada por Adam Grant que passa muitas horas por semana orientando colegas mais jovens na empresa, desenvolvendo um programa de liderança para mulheres e supervisionando um projeto de levantamento de fundos para filantropia. "Não penso no 'toma lá dá cá'; tento fazer diferença e exercer impacto, e me concentro nas pessoas capazes de se beneficiar mais com a minha ajuda."

Quando nossas motivações para doar são o significado e o prazer, quanto mais doamos, melhor nos sentimos. E quanto melhor nos sentimos, mais tendemos a doar. Evidentemente, também precisamos cuidar de nossas necessidades, ou nos sentiremos usados e esgotados. Temos que respeitar nossos limites.

Doar pelo prazer de doar é muito diferente de doar por obrigação. Quando nos vemos obrigados a dar algo a alguém, raramente temos prazer e frequentemente nos sentimos infelizes. Veja a história de Scott Harrison. Scott fora criado numa família em que se esperava que ele fosse altruísta e doador, mas nunca lhe permitiram escolher. Como muitas outras pessoas, ele usava uma máscara de altruísmo para merecer a aprovação dos pais e da paróquia. Ao chegar ao fim da adolescência, porém, ele se rebelou contra o que considerava hipocrisia e tirou a máscara. Passou a se empenhar apenas em agradar a si mesmo, demonstrando pouca ou nenhuma preocupação com os outros enquanto trabalhava como promotor de eventos em Nova York.

Aos 28 anos, ostentava todos os sinais de sucesso e felicidade: tinha muito dinheiro, um excelente carro e namorava uma modelo. Até que numa noite de ano-novo, em Punta del Este, no Uruguai, onde alugara uma casa enorme, cheia de empregados, na qual estocara mil dólares em fogos de artifício que durariam apenas 10 minutos, algo lhe ocorreu.

Realmente percebi no que eu me transformara. Eu me afastara de tudo o que para mim tinha valor, nesse lento processo de combustão que se estendera pelos últimos 10 anos. Eu estava num estado de falência emocional, espiritual e moral. Olhei ao redor e ninguém parecia feliz. Foi como se o véu tivesse sido levantado. As garotas, o dinheiro e o status nunca seriam suficientes.

A crise de Scott foi o início de um período de questionamento profundo e introspecção. Basicamente, ele fez a si próprio perguntas instigadoras e incômodas: "Como seria o oposto do meu atual estilo de vida? E se eu realmente servisse os outros?" Depois de ter experimentado o falso altruísmo, ele agora estava interessado apenas na verdadeira solidariedade.

Após passar alguns meses em solidão, refletindo profundamente sobre a própria vida, Scott decidiu trabalhar como fotojornalista voluntário em um navio-hospital, na África Ocidental, onde serviu durante dois anos. Comovido e inspirado pelo sofrimento e pela coragem que testemunhara, voltou para casa e fundou uma organização denominada charity: water, uma instituição filantrópica que angaria fundos para construir poços e fornecer água limpa a centenas de milhares de pessoas necessitadas em todo o mundo. Hoje, finalmente, conseguiu atender à sua necessidade intensa de significado. Tendo convivido algum tempo com ele, pude comprovar seu entusiasmo. Ao descrever a alegria de ver as pessoas bebendo água limpa dos poços que ajudou a financiar, ele exclamou: "Eu me sinto cheio de energia!"

Nossa sociedade consumista nos levou a acreditar que possuir bens materiais, assim como poder e fama, acarreta satisfação interior. A história de Scott, porém, demonstra que, na verdade, por mais que se consiga obter, o que temos nunca é suficiente. Nossas carências nunca são satisfeitas se atendemos apenas às nossas necessidades.

Em contraste, a doação, como escolha autêntica e espontânea, pode nos oferecer uma satisfação interior duradoura, exatamente porque preenche a nossa carência mais profunda de ser útil e estar conectado com os outros, pois nos permite fazer diferença no mundo e, em consequência, nos proporciona o sentimento de bem-estar. Paradoxalmente, é dando que em geral recebemos o que mais queremos. Quando desenvolvemos a capacidade de nos doarmos pelo prazer e pelo significado, começa um círculo virtuoso de dar e receber. Receber, no entanto, não se torna o objetivo de nossas doações. Ao sermos generosos, como sugere a história de Scott, conseguimos vitórias não só para nós e para os outros, mas também para o contexto mais amplo.

Doar o que se tem para doar

Talvez a maneira mais duradoura de fortalecer nossa atitude generosa seja encontrar um propósito ou uma atividade que nos transforme em doadores naturais. Da mesma maneira que os músculos, a atitude de doar se fortalece com o exercício. Se houver um propósito, a doação pode fazer parte do cotidiano.

O propósito é a resposta às perguntas: "O que me faz sair da cama todas as manhãs?"; "O que me deixa empolgado?"; "O que me inspira?". Para algumas pessoas, o propósito pode ser cuidar da família; para outras, talvez seja a música ou outras artes. Para alguns, pode ser construir algo que nunca foi feito; e para outros, ainda, talvez seja cuidar de um jardim. Para alguns, pode ser prestar serviços aos clientes ou orientar colegas mais jovens; e ainda há quem opte por ajudar pessoas que estão sofrendo. Se descobrirmos um propósito que nos entusiasme, esse objetivo pode ser não só uma fonte de satisfação interior, mas também um motivo para nos doarmos às pessoas ao redor e para fortalecermos o doador em nós.

Em vários trechos deste livro, contei a respeito dos problemas de saúde de minha filha. Quando eu o estava concluindo, aconteceu algo notável com ela que demonstra os benefícios de descobrir um propósito. Certa manhã, Gabi anunciou a Lizanne e a mim que pretendia comemorar seu aniversario de 16 anos, que seria dali a quatro meses, quebrando um recorde do Guinness. Era um sonho antigo dela. Poucos anos antes, tentara o recorde de mais longo jogo de amarelinha e, depois, o de maior quantidade de meias em um pé. Dessa vez, ela disse que queria tentar a prancha abdominal mais prolongada, um exercício de fortalecimento dos músculos do abdome em que se mantém o corpo absolutamente reto, em posição horizontal, apoiando o corpo sobre os antebraços e os dedos dos pés.

Como eu já disse, Gabi nasceu com uma doença que exigiu 14 cirurgias de grande porte na coluna vertebral, na medula, nos pés e em alguns órgãos dela. Nos treinos do time de vôlei da escola, o técnico de Gabi pediu a ela que fizesse a prancha abdominal enquanto as outras meninas corriam – atividade que, para ela, era bem difícil. O técnico ficou espantado ao ver Gabi ainda na mesma posição, 12 minutos depois, quando as outras meninas voltaram. Percebendo a surpresa do técnico, Gabi imediatamente se lembrou do *Livro Guinness dos Recordes*. Escreveu para o Guinness e descobriu que o recorde oficial para mulheres era de 40 minutos. Gabi, então, esperou dois meses e só depois de outra cirurgia começou o treinamento.

Lizanne e eu ficamos surpresos, mas não *tão* surpresos, ao sabermos do projeto de Gabi. Apesar de todas as adversidades, nunca a vimos sentir pena de si mesma. Ela nunca caiu na armadilha de se considerar uma vítima indefesa. Sempre admiramos o entusiasmo que ela demonstra pela vida e sua capacidade de viver intensamente todos os dias. Sempre ficamos espantados com o dom de Gabi de recuperar o ânimo depois de cada cirurgia e de encarar a vida de maneira positiva. Ela parece viver naturalmente no presente, não perdendo tempo com arrependimentos do passado ou preocupações com o futuro. Durante toda a infância, Gabi nunca deixou de dizer um *sim* genuíno a si mesma e um *sim* exuberante à vida.

Lizanne e eu a encorajamos a perseguir seus sonhos. No caso da prancha abdominal, Gabi treinou durante semanas para quebrar o recorde. Nas sucessivas tentativas, melhorava a olhos vistos, de 20 para 25 minutos, para 30 minutos, e uma vez, enquanto a mãe a distraía fazendo perguntas, ela passou dos 40 minutos. Gabi descreveu sua experiência numa entrevista:

> De início, achei que quebraria o recorde para mim mesma, porque era uma coisa que eu sempre quis fazer. Mas depois tive a ideia de que poderia conseguir esse resultado por uma causa, e decidi que faria isso pelo Hospital Infantil. Lá eles me ajudaram não só a andar e a correr, mas também a conseguir algo extraordinário. Eu queria ajudá-los para que outras crianças como eu também tivessem boas experiências. Eu iria arrecadar dinheiro e reforçar a conscientização, para que meu esforço pudesse ser muito mais que quebrar um recorde.

O propósito original de Gabi se ampliou, espontaneamente, de *doar a si mesma* para *doar aos outros*. Até que, uma semana antes da data da tentativa oficial, Gabi recebeu um e-mail da então detentora do recorde, Eva Bulzomi, alertando-a de que ela acabara de quebrar o próprio recorde, com uma diferença de nada menos que 25 minutos adicionais. O novo tempo da recordista era uma hora, cinco minutos e 18 segundos. O Guinness ainda estava em vias de oficializá-lo, e Lizanne perguntou a Gabi como ela se sentia a respeito daquela reviravolta.

"Assim fica um pouco mais difícil", respondeu Gabi, comedida, corajosa e determinada como sempre.

Finalmente, chegou o grande dia. Nossa família e os amigos de Gabi se reuniram para vê-la fazer a tentativa. Depois de sustentar o abdome durante 35 minutos, cerca de metade do tempo necessário, ela atingiu o limite do desconforto e começou a sentir dor nos braços, enquanto lágrimas pingavam no tapete. Os amigos resolveram cantar para distraí-la da própria dor. Com o passar dos minutos, todos começamos a gritar na torcida, e várias pessoas se lançaram ao chão para também fazer a prancha abdominal. Finalmente, depois de uma hora e 20 minutos, Gabi relaxou. Ela havia dobrado o recorde mundial oficial. Eu me sentia perplexo e aliviado ao ajudá-la carinhosamente a se levantar.

Uma semana depois, Gabi compareceu ao programa de televisão *Good Morning America*, em que um representante do *Livro Guinness dos Recordes* lhe entregou o prêmio oficial. A notícia correu mundo pelas redes sociais e o vídeo da quebra do recorde foi visto em mais de 150 países. Ela não só inspirou milhares de pessoas a testar os próprios limites e a converter suas supostas fraquezas em pontos fortes, como também arrecadou mais de 58 mil dólares para o Hospital Infantil do Colorado, mais de 11 vezes a meta inicial.

Gabi foi extremamente bem-sucedida em conseguir o que queria e, ao mesmo tempo, beneficiar outras pessoas, muitas de maneiras que jamais saberemos. Ela não começou o projeto da prancha abdominal com o propósito de doar aos outros, mas acabou indo muito além. Ela aprendeu a apreciar a alegria de dar e receber. Como Gabi descobriu, nada fortalece mais a atitude de doar que apoiá-la em um propósito.

Doar o que se tem para doar, como mostra a história de minha filha, pode ser a maior fonte de satisfação duradoura que a vida nos proporciona. No entanto, quando doamos com um senso de propósito, a doação não precisa ser grandiosa.

Lembro-me sempre do exemplo de minha amiga Paola, que estudou Direito e se tornou advogada. Embora tivesse uma carreira de prestígio, não era feliz. Então ela se lembrou de que, quando era criança, gostava de misturar condicionadores de cabelo e aplicar a loção no cachorro dela. De início, parecia um mero capricho, mas era um indício do que ela gostava de fazer. Ao preparar esses compostos, ela se via como uma química criando produtos que ajudariam a humanidade. Assim, reunindo coragem e usando suas economias, Paula deixou a advocacia e abriu uma empresa para produzir sabonetes naturais e assim ajudar as pessoas. Esse novo meio de ganhar a vida talvez não correspondesse à sua imagem idealizada de uma carreira de "sucesso", mas lhe proporcionou felicidade, pois ela encontrou uma maneira de contribuir fazendo algo que realmente amava.

Nossas doações podem parecer pequenas, mas, com frequência, fazem uma grande diferença na vida dos outros: cuidar do filho de um casal amigo ou dos pais idosos, ajudar um vizinho em consertos na casa, desdobrar-se no trabalho quando um colega fica doente ou simplesmente praticar um ato de gentileza com um estranho na rua. Não importa a dimensão aparente da doação; o que conta é a autenticidade do gesto.

Talvez o maior obstáculo às nossas doações seja o medo, não de nossa pequenez, mas de nossa grandeza. Não receamos nossas limitações, mas nossos talentos. O psicólogo humanista Abraham Maslow cunhou o termo "complexo de Jonas" para se referir ao medo que nos impede de exercer nossos talentos e de realizar nosso destino.

O personagem bíblico Jonas tentou fugir de seu destino, que consistia em atender à convocação de Deus para advertir o povo da cidade de Nínive, capital do Império Assírio, de que seria destruído caso não mudasse seus hábitos violentos e perversos. Ao receber a missão, Jonas tomou exatamente a direção oposta. Ao cruzar o mar num navio, uma grande tempestade passou a ameaçar a vida de todos a bordo. Jonas, de alguma maneira, descobriu que era responsável pelo desastre e pediu à tripulação que o lançasse ao mar, o que imediatamente acalmou a tempestade. Jonas foi logo engolido por uma baleia e, só depois de reconhecer o erro de resistir ao próprio destino, foi solto pelo animal, em terra firme. Partiu, então, para Nínive e cumpriu sua missão de convencer as pessoas a mudar de vida e, assim, serem poupadas da terrível punição.

Essa velha história envolve muita sabedoria. Quando nos deparamos com oportunidades de doar nossos talentos para o mundo, normalmente corremos para o outro lado, como fez Jonas. Ocultamos a própria luz. Apenas ao enfrentarmos a adversidade despertamos e percebemos que só realizaremos nosso propósito se doarmos o que estamos aqui para doar; em outras palavras, se deixarmos nossa luz brilhar para os outros.

Durante meu trabalho no Caminho de Abraão, tive o privilégio de estudar antigas narrativas sobre o profeta. No relato bíblico, Abraão ouviu o chamado de Deus para deixar sua terra e a casa de seu pai e partir para um lugar onde conheceria seu verdadeiro eu. Diferentemente de Jonas, Abraão atendeu de imediato à convocação e iniciou a jornada para seguir seu destino. Os sábios da Antiguidade debatiam por que, de todas as pessoas da época, apenas Abraão foi escolhido para receber essa missão. O que o tornava tão merecedor? Depois de muita discussão, chegaram à conclusão de que, na verdade, *todo* ser humano recebe uma convocação. A única diferença é que Abraão atendeu ao chamado.

O dom de Abraão era a lição simples, mas poderosa, da hospitalidade. Como um estranho em uma terra estranha, ele recebeu hospitalidade e deu hospitalidade. Dizia-se que sua tenda era aberta nas quatro direções para receber forasteiros. O dom que Abraão descobriu em si mesmo foi demonstrar bondade com estranhos. Ele aprendeu a deixar sua luz brilhar para os outros.

Talvez cada um de nós seja um pouco como Abraão, convocado para partir em uma jornada rumo ao desconhecido. Todos recebemos um determinado dom para doar aos outros, uma luz interior a ser projetada no mundo. Cabe a cada um de nós limpar o vidro da janela que se abre para fora e permitir que nossa luz brilhe para o mundo.

De ganha-perde para ganha-ganha-ganha

Já relatei neste livro o caso de meu amigo e cliente Abilio Diniz como exemplo de alguém que caiu na armadilha da luta ganha-perde, da qual parecia não haver saída. Gostaria de narrar agora como o conflito terminou.

Durante os dois anos e meio de contenda com seus ex-sócios, em que as duas partes haviam movido ações judiciais, atacando-se na imprensa e bloqueando as iniciativas uma da outra para promover o crescimento da empresa, ambas tentaram *tomar* da outra o que queriam – mas fracassaram. Nenhuma delas conseguiu o que realmente almejava.

Quando meu colega David e eu nos reunimos com o negociador do outro lado, procuramos mudar a dinâmica da situação: em vez de apresentar ao adversário uma lista de ameaças, nós nos concentramos no que cada lado podia *dar* ao outro. Por trás de todas as posições conflitantes, Abilio e os sócios tinham dois interesses em comum: liberdade e dignidade. Cada parte era capaz de oferecer à outra a liberdade tão ansiada nos negócios e na vida. E cada lado tinha condições de tratar o outro com o respeito tão valorizado. Propusemos que um acordo baseado nesses dois interesses comuns poderia ser um resultado ganha-ganha, por mais difícil que tenha sido para as partes imaginar de início algo parecido.

Discutimos como tornar factível esse acordo. Os sócios de Abilio poderiam liberá-lo de uma cláusula de não concorrência com vigência de três anos, dando-lhe liberdade para fazer outros negócios. Abilio, por sua vez, poderia sair do conselho de administração da sociedade, permitindo que os sócios dirigissem a empresa como quisessem. Os sócios poderiam trocar as ações com direito a voto de Abilio por ações sem direito a voto, que ele venderia quando quisesse. Ambas as partes poderiam publicar um comunicado conjunto à imprensa, deixando claro seu bom relacionamento. E assim por diante. Em síntese, o jogo mudaria de ganha-perde para ganha-ganha.

Eram muitas as dificuldades práticas e as complexidades legais, evidentemente, mas essa simples mudança na dinâmica da situação de tomar para doar fez toda a diferença. Em quatro dias de atividade intensa, as partes conseguiram chegar ao sim e pôr fim a esse conflito. Em dois eventos subsequentes, Abilio despediu-se com elegância dos executivos e dos funcionários da empresa, referindo-se com respeito aos ex-sócios e desejando sucesso a todos. Os ex-sócios lhe ofereceram uma participação na maior rede de academias do país, o que, para Abilio, vinha sendo sua paixão.

Todos os envolvidos se surpreenderam com o grau de satisfação que Abilio e os ex-sócios, até então arqui-inimigos, manifestaram depois do desfecho. O acordo não foi somente uma conciliação satisfatória, que as partes aceitaram com relutância, mas uma solução que deixou cada lado se sentindo plenamente aliviado e realizado.

Iniciar as negociações concentrando-se no que poderiam *doar* um ao outro, em vez de no que poderiam *tomar*, acarretou um autêntico resultado ganha-ganha. Na verdade, foi bem além disso, alcançando uma solução ganha-ganha-ganha, uma vez que os benefícios não se limitaram somente às duas partes, favorecendo também as famílias, a empresa, os 150 mil empregados e até a sociedade em geral.

O processo não foi fácil para Abilio. Como a maioria das pessoas, ele era, de início, o pior adversário de si mesmo. Desde então, porém, trabalhou com afinco para se converter em um aliado. Com uma forte tendência para reagir atacando, ele se esforçou ao máximo para ir ao camarote como observador da situação e de si mesmo. Ainda que, às vezes, se julgasse com muita severidade, também se empenhou muito para se colocar no *seu* lugar e descobrir suas verdadeiras necessidades. Embora, às vezes, culpasse o outro lado, ele, no fim, sempre se lembrava de que só ele era responsável pela própria vida.

De vez em quando, Abilio se tornava presa do medo da escassez, mas reenquadrava, então, o panorama da vida e se lembrava de seu poder de construir a própria felicidade. Quando se via preso ao passado, tentava se concentrar em retornar ao presente, para ver o que podia ser feito. Verdadeiro lutador, assumia posições antagônicas, mas sabia quando era importante oferecer respeito ao adversário. O último obstáculo de Abilio foi a mentalidade ganha-perde, que ele conseguiu superar, mudando de atitude e passando de tomador a doador.

Como quase todo mundo, Abílio era imperfeito no processo de chegar ao sim consigo mesmo, mas seus esforços disciplinados para desobstruir o próprio caminho foram suficientes para que ele alcançasse o grande sim que almejava com o outro lado. "Ganhei minha vida de volta", disse-me ele. "Estou vivendo meu melhor momento."

Cada um dos seis passos nos ajuda a transformar a mentalidade ganha-perde em mentalidade ganha-ganha-ganha. A manobra decisiva é mudar nossa atitude básica em relação aos outros de tomar para doar. De início, podemos dar para receber, até que aprendemos a dar sem esperar um retorno direto e, finalmente, aprendemos a dar para realizar nosso propósito. Ao mudar nosso padrão básico para doar, não só chegamos ao sim com nós mesmos, experimentando uma satisfação interior, mas também temos mais facilidade em chegar ao sim com os outros, alcançando o sucesso exterior. Inicia-se, assim, um ciclo de dar e receber que não tem fim.

CONCLUSÃO

As três vitórias

Eu acredito que o "sim" é a única coisa viva.
— E. E. CUMMINGS

Este livro começou com uma pergunta que é um dilema humano universal: como conseguir o que realmente queremos e, ao mesmo tempo, atender às necessidades e preocupações de quem participa de nossa vida – membros da família, colegas de trabalho, clientes e outros?

A premissa básica desta obra é que *quanto mais capazes formos de chegar ao sim com nós mesmos, melhores seremos em chegar ao sim com os outros*. Talvez nenhum fator exerça maior impacto sobre nossos relacionamentos e negociações que nossa atitude básica em relação a nós mesmos, à vida e aos demais. A mudança mais importante que podemos fazer é alterar nossa atitude interna de *não* para *sim*.

Podemos controlar integralmente poucas coisas na vida; compete-nos, porém, escolher, a qualquer momento, entre sim e não. Cabe a nós optar por dizer sim ou não a *nós mesmos*, atuando como nosso melhor aliado ou nosso pior adversário; escolher entre dizer sim ou não à *vida*, tratando-a como amiga ou inimiga; dizer sim ou não aos *outros*, relacionando-nos com o próximo como um parceiro potencial ou como um opositor implacável. E nossas escolhas fazem toda a diferença.

Chegar ao sim com você mesmo possibilita três tipos de vitória – uma vitória interior, uma vitória com os outros e uma vitória para o todo.

Uma vitória interior

De manhã, quando me olho no espelho, gosto de me lembrar de que estou vendo a pessoa que provavelmente mais me trará problemas durante o dia, o adversário que mais me criará obstáculos à obtenção do que eu realmente quero. Acho importante rever mentalmente, mesmo que por alguns minutos, os seis passos para alcançar o sim interior a fim de me preparar para quaisquer desafios que surjam ao longo do dia. Gosto de me fazer algumas perguntas a cada passo. Esse processo me ajuda a desobstruir meu próprio caminho – e espero que também seja útil para você:

1. **Coloque-se no *seu* lugar.** Você consegue perceber a intromissão do censor interior no seu trabalho – e apenas observar os próprios pensamentos e sentimentos, sem julgá-los? Para que necessidades básicas apontam os seus sentimentos? Do que você *realmente* precisa?
2. **Desenvolva sua Batna interior.** Você está culpando alguém ou algo por não satisfazer os seus interesses? Que benefícios isso lhe oferece – e quais são os custos? É capaz de se comprometer a cuidar de suas necessidades mais profundas, não importa o que aconteça?
3. **Reenquadre seu panorama.** Você acha que a vida, de alguma maneira, é sua inimiga? Como construiria sua felicidade hoje? Se a vida é difícil, você poderia, ainda assim, dizer sim a ela, da maneira como é?

4. **Mantenha-se no presente.** Você cultiva ressentimentos do passado ou tem ansiedade quanto ao futuro? O que seria necessário para você relaxar e aceitar a vida como ela é? O que poderia fazer para se manter no presente, ou em estado de fluxo, uma condição psicológica de alta performance e de grande satisfação?
5. **Respeite os outros.** Você está sentindo algum antagonismo em relação a alguém? Qual é a sensação de estar no lugar dessas pessoas? Mesmo que não lhe demonstrem respeito, você poderia ainda assim respeitá-las?
6. **Saiba dar e receber.** Você sente medo da escassez em qualquer situação que esteja enfrentando hoje? De que precisará para mudar o jogo de tomar para doar, de ganha-perde para ganha--ganha-ganha?

Todos esses passos nos ajudam a enfrentar um obstáculo específico que se interpõe em nosso caminho na busca do que mais queremos da vida. Cada uma dessas iniciativas nos prepara para a seguinte. No entanto, ainda que pareçam simples, nenhuma delas é trivial, sobretudo em meio aos conflitos do dia a dia com que todos deparamos. De fato, o trabalho para chegar ao sim interior é um dos mais difíceis, justamente por ser invisível.

Por mais valioso que seja o método, ele pouco adiantará sem a prática contínua. Compreender os seis passos pode ser muito útil, mas, no fim das contas, ninguém a não ser você pode fazer o trabalho. Como no caso de qualquer esporte, mesmo que você jamais se torne perfeito, aos poucos irá melhorar cada vez mais. Gosto de pensar em cada passo como se fosse um músculo: quanto mais você o exercita, mais desenvolvido ele fica. Por mais poderoso que se torne cada músculo isoladamente, porém, apenas uma série integrada de musculação lhe proporcionará o equilíbrio físico desejado, assim como só a prática contínua dos seis passos lhe permitirá avançar rumo ao objetivo almejado.

A maneira como você efetivamente executa o processo de chegar ao sim com você mesmo depende das suas características e condições particulares. Você terá suas maneiras favoritas de ir para o camarote, por exemplo. Há quem goste de uma caminhada solitária no parque, mas também há quem prefira sair para tomar um café com um bom amigo que saiba ouvir. Sugiro que adapte esse método às suas necessidades. Personalize-o para que seja o mais eficaz no seu caso específico.

Descobri que essa jornada do *não* para o *sim* comigo mesmo não é uma viagem isolada e sim uma longa expedição, que dura toda a vida. Estou nessa aventura há muito tempo e espero continuar nela pelo resto da vida. Sempre tenho algo novo a aprender. Uma verdade fica cada vez mais clara para mim: não há sim maior que o sim interior, não há vitória maior que a vitória interior. O sim interior proporciona uma sensação de calma e de satisfação cada vez mais intensa e um sentimento de bem-estar e de suficiência cada vez mais profundo. Se essa fosse a única vitória, já seria suficiente, mas a vitória não fica só nisso.

Uma vitória com os outros

A vitória seguinte é uma vitória com os outros – nossos colegas e clientes, nosso cônjuge e nossos filhos, e até nossos adversários em conflitos. Depois de chegarmos ao sim com nós mesmos, é muito mais fácil chegar ao sim com os outros, por mais difícil que possa parecer. Como vimos, cada um dos seis passos nos oferece um pré-requisito para o sucesso na negociação. Colocar-se no *seu* lugar o ajuda a se colocar no lugar dos outros. Desenvolver a Batna interior o ajuda a desenvolver a Batna exterior. Reenquadrar seu panorama da vida o auxilia a reformular seus relacionamentos com os outros – e assim por diante. O trabalho primordial em negociação começa dentro de você.

É muito tentador reagir no meio de uma conversa ou de uma negociação difícil. Se você tiver condições de se preparar antes, poderá percorrer os seis passos antecipadamente, de modo a trazer para a mesa seu melhor aliado em vez de seu pior adversário. Se já estiver em pleno processo de negociação, ainda será possível recorrer ao método do sim interior se você já o houver praticado em outras ocasiões. Mesmo em meio a um conflito, você pode ficar no camarote, calmo e controlado.

O processo de chegar ao sim com você mesmo não só facilita a *solução* de conflitos como também ajuda a *evitá-los*. Sem reagir, mantendo-se calmo e seguro, você não se deixará provocar e não levará os ataques para o lado pessoal. Nessas condições, será menor a probabilidade de que diga ou faça coisas de que depois se arrependerá. Com uma atitude sincera de respeito e uma disposição autêntica para ajudar a atender às necessidades alheias, você será capaz de resolver as questões muito antes de degenerarem em disputas sérias. Você naturalmente se relacionará bem com os outros, enfrentando o mínimo de conflitos.

Uma vitória para o todo

Três décadas atrás, quando tive o privilégio de trabalhar com Roger Fisher ao escrever *Como chegar ao sim*, nosso objetivo era ajudar as pessoas a mudar a abordagem – de antagônica para cooperativa – a fim de lidar com diferenças no trabalho, em casa e na comunidade. Mas nosso sonho era maior do que isso. Era ajudar o mundo a dar um passo na direção da paz. Estávamos preocupados com a humanidade, cujo destino, numa era de destruição em massa, depende, fundamentalmente, de nossa capacidade de resolver disputas de maneira colaborativa.

Embora o mundo hoje enfrente muitas situações de escassez, de desigualdade e de conflitos violentos, graças à revolução tecnológica dispomos de recursos suficientes para atender às necessidades de todos. Sabemos como acabar com a fome, como evitar guerras e como usar energia limpa para salvar o meio ambiente. O principal obstáculo somos nós mesmos, com nossa dificuldade de nos reunirmos e de cooperarmos.

Para construir um mundo melhor, mais seguro e mais saudável para nós mesmos e para nossos filhos, devemos ser capazes de lidar com as nossas diferenças de maneira construtiva e criativa. Evidentemente, chegar ao sim pode ser um grande desafio; no entanto, depois de trabalhar em alguns dos conflitos mais difíceis do mundo, estou convencido de que é plenamente possível. E o primeiro passo radical no processo é chegar ao sim com nós mesmos.

Chegar ao sim com você mesmo oferece uma perspectiva mais ampla e mais generosa, proporcionando ganhos não só a você e aos outros, mas também ao todo. Esse trabalho de autoaperfeiçoamento nos inspira não só a imaginar um mundo em que todos os seres humanos são importantes, mas também a trabalhar para a realização desse propósito.

Talvez ninguém tenha exemplificado melhor essa possibilidade nos tempos recentes que Nelson Mandela. Preso durante 27 anos, Mandela foi para o camarote e começou a observar e a ouvir a si mesmo. Ele evitou cair no jogo da culpa e assumiu plena responsabilidade por sua vida, por suas necessidades e por seus relacionamentos com os adversários. Reenquadrou com ousadia o panorama, optando por encarar a vida como aliada, apesar de todas as evidências em contrário. Também superou os ressentimentos e mágoas, perdoando os inimigos.

Ao sair da prisão, Mandela levou consigo um espírito extraordinário de respeito e inclusão, recebendo de braços abertos pessoas de todas as raças na nova África do Sul que ele imaginava. Escorado na própria satisfação interior, ele se doou indiscriminadamente aos outros. Em consequência, foi capaz de conduzir o país para um acordo ganha-ganha-ganha, com o objetivo de beneficiar a todos, extinguindo o mal do apartheid e inaugurando uma nova era democrática para o seu país.

Felizmente, pouca gente enfrenta a magnitude dos desafios com que Mandela se defrontou, mas podemos buscar inspiração nele e recorrer aos mesmos princípios básicos na nossa vida cotidiana. Ao optarmos por dizer sim a nós mesmos, à vida e aos outros, poderemos mudar o jogo da vida de ganha-perde para ganha-ganha-ganha. E é nisso que reside a esperança para nós, para nossas famílias, para nosso ambiente de trabalho e para a humanidade.

Dediquei grande parte de minha vida profissional à tentativa de evitar ou terminar guerras. A paz é a minha paixão. Se alguém me tivesse dito, 35 anos atrás, que o segredo da paz com os outros era a paz interior, eu teria considerado a ideia utópica e irrealista. Teria preferido, ao contrário, trabalhar com algo mais prático – que seria me concentrar em estratégias de negociação. Hoje, percebo que o irrealista na época talvez fosse eu, ao acreditar que poderíamos alcançar a paz duradoura no mundo sem antes fazer o trabalho necessário com nós mesmos.

Ganhando o jogo da vida

Minha grande esperança é que chegar ao sim com você mesmo não só melhorará sua eficácia ao negociar com os outros, mas também o levará, em um contexto mais amplo, a desenvolver a satisfação interior, tornando seus relacionamentos mais saudáveis. Espero que a mudança de sua atitude interior de *não* para *sim* deixe-o preparado para vencer o jogo mais importante de todos: o jogo da vida.

Por maior que possa ser o desafio, as recompensas potenciais são muito maiores: a paz na mente e no coração, que vai ajudá-lo a contribuir para um mundo mais pacífico, a começar pelos seus círculos mais próximos – família, trabalho, comunidade, etc.

Desejo-lhe muito sucesso... e muita paz!

AGRADECIMENTOS

Este livro começou com um leitor único – eu – quando passei a reunir notas, sete anos atrás, para descobrir como chegar ao sim comigo mesmo com mais eficácia. Era um projeto profundamente pessoal. Ao enfrentar desafios na minha vida e na vida daqueles ao meu redor, eu me senti impelido a olhar para dentro de mim mais profundamente. Quando mostrei minhas anotações a familiares e a amigos achei, então, que elas poderiam ser úteis também para os outros.

Com o estímulo dessas pessoas, o processo se tornou muito mais fácil. Eu gostaria de manifestar meus calorosos agradecimentos a Curt Manfred Mueller, que acreditou neste livro muito antes de ele estar escrito; a David Friedman e Robert Gass, que me ofereceram um feedback inspirador e um apoio entusiasmado em muitos trechos do percurso; a David Baum, Francisco Diez, Patrick Finerty, Mark Gerzon, Margo King, David Lax, Jamil Mahuad, Ronald Mueller, Simon Sinek, Gary Slutkin e John Steiner, cujos comentários encorajadores me ajudaram a perseverar; e a Donna Zerner, que ofereceu extensas orientações de edição na versão preliminar.

Encontrar as histórias certas para transmitir a mensagem desejada nunca é fácil. Por suas narrativas instrutivas e inspiradoras, agradeço a Robert Chapman, Judith Ansara Gass, Adam Grant, Scott

Harrison, Azim Khamisa, Jamil Mahuad, Paola Mahuad, Jill Bolte Taylor, Gabi Ury, Lizanne Ury, Dennis Williams e Jerry White. Sou especialmente grato a Abilio Diniz, por sua amizade e generosidade ao permitir que eu usasse neste livro o exemplo da bem-sucedida solução de seus conflitos.

Eu não poderia ter sido mais feliz em encontrar um agente que compreendesse e apoiasse meu projeto de todas as maneiras. Jim Levine orientou a evolução do manuscrito, escolheu uma boa editora para publicá-lo e me concedeu conselhos valiosos ao longo de todo o processo. Foi um amigo de verdade e sou extremamente grato a ele, assim como a seus colegas e família.

Também devo muito à equipe da HarperOne. Tem sido um prazer trabalhar com Genoveva Llosa, que analisou cuidadosamente os originais e apresentou muitas sugestões sábias para melhorar a lógica e a linguagem. A ela e a toda a sua equipe altamente capaz, inclusive Mark Tauber, Claudia Boutote, Kim Dayman, Melinda Mullin, Gideon Weil, Miles Doyle, Michele Wetherbee, Dwight Been, Terri Leonard, Natalie Blachere, Laurie McGee, Carol Kleinhubert e Hannah Rivera, estendo meus mais sinceros agradecimentos.

Escrever ficou mais fácil graças à ajuda que recebi na administração do escritório e na organização do meu tempo. Muito me beneficiei com o apoio dedicado e altamente qualificado de Cathy Chen-Ortega e de suas antecessoras, Essrea Cherin e Myka McLaughlin, a quem realmente sou muito grato. Pelo refúgio natural para escrever, gostaria de expressar meus agradecimentos especiais à boa gente da Aspen Winds – Dot, Phil, Sharon e Ryan.

À medida que o livro evoluía, deparei com o desafio de construir uma ponte resistente entre o mundo interior que eu estava explorando e o mundo exterior da negociação em que eu atuava. Nesse processo de construção, tive a sorte de submeter o manuscrito preliminar a vários leitores, que tiveram a bondade de me oferecer um feedback atencioso. Obrigado a Goldie Alfasi, David Baum, Barry Berkman, Shelby Boyer, Todd Brantley, Helena Brantley, Sara Davidson,

Francisco Diez, Renée DuPree, Lindsay Edgecombe, Patrick Finerty, Norman Galinsky, Mark Gerzon, Bill Gladstone, Daniel Greenberg, Margo King, Joan Levine, Joshua Levine, Jamil Mahuad, Kiana Moradi, Leopoldo Orozco, Shana Parker, Julissa Reynoso, Stephanie Rostan, Raphael Sagalyn, Monica Sharma, John Siffert, David Sikes, Lindsey Moses Sikes, Roberta Sotomaior, Kerry Sparks, John Steiner, Danielle Svetcov, Elizabeth Ury, Monika Verma, Lauren Wasserman, Joshua Weiss, John Wilcockson e Tim Wojcik.

Este livro, no final das contas, é fruto do que aprendi com a experiência e com os professores. Gostaria de dedicá-lo aos meus professores. Quando eu era adolescente, os escritos de Friedrich Nietzsche, Ralph Waldo Emerson e Henry David Thoreau me inspiraram profundamente com a filosofia de dizer sim à vida, aconteça o que acontecer. Com o estudo intenso das palavras e da vida de Mahatma Gandhi, também aprendi como o trabalho interior é essencial para a ação externa. Quando eu estava na casa dos 20 anos, Roger Fisher me apresentou ao campo da negociação e me ensinou com generosidade as práticas da mediação, do magistério e da escrita, e me inspirou a torná-las o trabalho da minha vida. Sou eternamente grato a ele, assim como à minha tia Aline Gray e a meu amigo Frank Fisher, por me apresentar a Roger.

Desde o ensino médio, sou um leitor apaixonado da filosofia e da sabedoria de diversos autores, como Platão, Lao-Tsé e Ramana Maharshi, mas, nos últimos anos, tive o privilégio de experimentar essa sabedoria em primeira mão com meu amigo e professor Prem Baba. Por seus ensinamentos esclarecedores, penetrantes e compassivos, sou profundamente agradecido.

Minha maior dívida de gratidão é para com minha mulher, Lizanne, cujo amor e o apoio me sustentaram integralmente. Ela ouviu com muita atenção e entusiasmo cada uma das muitas versões. Com Lizanne, aprendi lições inestimáveis sobre gratidão, presença e todas as questões do coração. Ela e nossos filhos – Chris, Thomas e Gabi – são minhas maiores bênçãos.

NOTAS

Capítulo 1

p. 19 **O jornal *Financial Times* considerou a contenda...** "Brazil's Billionaire Baker Who Came of Age in Captivity", *Financial Times*, 1º de julho de 2011.

p. 24 **Recentemente, li o relato de uma mulher...** A autora é Charlotte Z. Rotterdam, em *Fearless Nest: Our Children as Our Greatest Teachers*. Organizado por Shana Stanberry Parker (http://www.lulu.com, 2010), 93. Para mais informações, ver http://www.fearlessnest.com.

p. 26 **"Observar sem avaliar..."** Ouvi essa citação de Jiddu Krishnamurti de meu amigo Marshall Rosenberg. Também a encontrei na European Graduate School, http://www.egs.edu/library/jiddu-krishnamurti/biography.

p. 27 **Os psicólogos estimam que...** "Stop Fighting Your Negative Thoughts", *Psychology Today*, 7 de maio de 2013, http://www.psychologytoday.com/blog/shyness-is-nice/201305/stop-fighting-your-negative-thoughts. Ver também, do Laboratório de Neuroimagem da Universidade do Sul da Califórnia, http://www.loni.usc.edu/about_loni/education/brain_trivia.php.

p. 27 **"Se você falasse com os amigos..."** Ouvi esse ditado de David Baum. Podemos encontrar variantes em http://behappy.

me/OneToughMotherRunner/if-you-talked-to-your-friends--the-way-you-talk-to-your-body-youd-have-no-friends--left-21380 e em http://www.experienceproject.com/question--answer/If-Someone-In-Your-Life-Talked-To-You-The-Way--You-Talk-To-Your-Self-Sometimes-How-Long-Would--They-Be-There/452083.

p. 29 **"A tristeza não era bem recebida..."** Joanna Barsh, *Centered Leadership: Leading with Purpose, Clarity, and Impact* (Nova York: Crown Business, 2014), 236-237.

p. 30 **Na velha história do rei Artur...** A história do Santo Graal, ou Cálice Sagrado, tem muitas variantes. Devo essa a Elias Amidon.

p. 35 **Conforme observou Carl Rogers...** Carl Rogers, *On Becoming a Person: A Therapist's View of Psychotherapy* (Nova York: Mariner Books, 1995), 17.

Capítulo 2

p. 39 **crise do Tylenol, em 1982.** Uma versão mais detalhada da história do Tylenol pode ser encontrada em um artigo de N. R. Kleinfield, "Tylenol's Rapid Comeback," *The New York Times*, 17 de setembro de 1983.

p. 42 **"Não gostei daquela imagem..."** Jerry White, *I Will Not Be Broken: 5 Steps to Overcoming a Life Crisis* (Nova York: St. Martin's Press, 2008), 58.

p. 44 **Em seu livro...** David Schnarch, *The Passionate Marriage: Keeping Love and Intimacy Alive in Committed Relationships* (Nova York: Henry Holt, 1997), 124. Os pseudônimos originais usados por Schnarch são Bill e Joan.

p. 48 **"Não estou mais disposta..."** Schnarch, *Passionate Marriage*, 124.

Capítulo 3

p. 55 **"Esta", declarou o cientista...** Robert D. Dilts, *Strategies of Genius: Volume II* (Califórnia: Meta Publications, 1994), 20-21.

p. 58 **"O ser humano", escreveu Einstein...** Walter Sullivan, "The Einstein Papers: The Man of Many Parts", *The New York Times*, 29 de março de 1972. Esse artigo também pode ser encontrado em: http://news.google.com/newspapers?nid=1964&dat=19720329&id=sYMyAAAAIBAJ&sjid=x7cFAAAAIBAJ&pg=6595,5077091.

p. 59 **"Nosso hemisfério esquerdo..."** "Does Our Planet Need a Stroke of Insight?", 3 de janeiro de 2013, http://www.huffingtonpost.com/dr-jill-bolte-taylor/neuroscience_b_2404554.html. Para uma análise mais profunda, ver Jill Bolte Taylor, *My Stroke of Insight: A Brain Scientist's Personal Journey* (Nova York: Plume, 2009).

p. 63 **Como, então, reenquadrar o panorama...** Gostaria de expressar minha gratidão a Stephen Covey e a Lynne Twist por suas ideias sobre a mudança da mentalidade de escassez para a mentalidade de abundância ou suficiência. Para uma análise mais profunda, ver Stephen Covey, *Os 7 hábitos das pessoas altamente eficazes* (Rio de Janeiro: Best Seller, 1989), e Lynne Twist, *The Soul of Money: Transforming Your Relationship with Money and Life* (Nova York: W. W. Norton, 2003).

p. 63 **"A lição", diz o psicólogo...** Daniel Gilbert, TED Talk, "The Surprising Science of Happiness", https://www.ted.com/talks/dan_gilbert_asks_why_are_we_happy. Para mais análise, ver Daniel Gilbert, *Stumbling on Happiness* (Nova York: Knopf, 2006).

p. 64 **"Quando eu era jovem..."** Extraído de entrevista conduzida por Petria Chaves e Fabiola Cidral no programa de rádio *Caminhos alternativos*, 1º de dezembro de 2013.

p. 67 **"Descobrimos provas científicas..."** "Pay It Forward", modificado pela última vez em 1º de junho de 2007, artigo do Dr. Robert Emmons sobre gratidão, http://greatergood.berkeley.edu/article/item/pay_it_forward. Para uma análise mais profunda, ver Robert Emmons, *Thanks!: How Practicing Gratitude Can Make You Happier* (Nova York: Mariner Books, 2008).

p. 68 **Wittgenstein denominou "segurança absoluta"...** Ludwig von Wittgenstein, "A Lecture on Ethics", 1929, republicado em http://www.geocities.jp/mickindex/wittgenstein/witt_lec_et_en.html.

p. 68 **o Dr. Viktor Frankl conta a história...** Viktor E. Frankl, *Em busca de sentido* (Petrópolis: Vozes, 2008).

Capítulo 4

p. 75 **O psicólogo e pesquisador Mihaly...** Mihaly Csikszentmihalyi, *Flow: The Psychology of Optimal Experience* (Nova York: Harper Perennial Modern Classics, 2008).

p. 75 **"É um sentimento muito estranho..."** Essa citação de Mark Richardson é oriunda de Jeff Grout e Sarah Perrin, *Mind Games: Inspirational Lessons from the World's Finest Sport Stars* (Nova York: Capstone/Wiley, 2006).

p. 78 **"Diga a verdade..."** "Mandela Beat Apartheid 'Demon': Clinton", 18 de julho de 2013, http://www.news24.com/SouthAfrica/News/Mandela-beat-apartheid-demon-Clinton-20130718.

p. 79 **"Não podemos viver..."** "Christo Brand & Vusumzi Mcongo (South Africa)", 29 de março de 2010, http://theforgivenessproject.com/stories/christo-brand-vusumzi-mcongo-south-africa.

p. 80 **"Quem vive comete erros..."** "Laugh and Dare to Love", publicado originalmente em 1995, entrevista com Maya Angelou, http://www.context.org/iclib/ic43/angelou.

p. 81 **"Minha vida foi marcada..."** Encontrei essa citação em BrainyQuote.com. Ver http://www.brainyquote.com/quotes/quotes/m/micheldemo108601.html.

p. 84 **Minha amiga Judith...** Rotterdam, *Fearless Nest,* 102-103. Para mais informações sobre Judith, ver o site dela, http://www.sacredunion.com.

Capítulo 5

p. 89 **O clima era de tensão.** Esse exemplo é de uma conversa pessoal com Dennis Williams, junho de 2014.

p. 92 **Enquanto eu escrevia este livro...** Essas entrevistas foram realizadas com o patrocínio do Syria Research Project, de Harvard-NUPI-Trinity, e compiladas em relatório intitulado "Obstacles to a Resolution of the Syrian Conflict", de David Lesch e Frida Nome, George Saghir, William Ury e Matthew Waldman, setembro de 2013.

p. 93 **"Se pudéssemos ler a história secreta de..."** Essa citação é de Henry Wadsworth Longfellow, *The Prose Works of Henry Wadsworth Longfellow: Outre Mer and Driftwood* (Boston: Houghton Mifflin, 1886).

p. 95 **"O aumento da compaixão de quem medita..."** David DeSteno, "Gray Matter: The Morality of Meditation", *New York Times Sunday Review*, 5 de julho de 2013, http://www.nytimes.com/2013/07/07/opinion/sunday/the-morality-of-meditation.html?hp.

p. 95 **Larry se casou com uma americana...** "A Teacher, a Student, and a 39-Year-Long Lesson in Forgiveness", de Tom Hallman Jr., em http://www.oregonlive.com/living/index.ssf/2012/04/a_teacher_a_student_and_a_39-y.html.

p. 98 **Lincoln fez uma pausa e respondeu...** Clifton Fadiman (org. ger.), *The Little Brown Book of Anecdotes* (Boston: Little Brown, 1985), 360.

p. 101 **"Quando recebi o telefonema..."** "Azim Khamisa & Ples Felix (USA)", 29 de março de 2010, http://theforgivenessproject.com/stories/azim-khamisa-ples-felix-usa.

p. 106 **Desde aquela viagem inaugural...** "Ten of the Best New Trails: Discover the Best New Hikes from Wales & New Zealand to the Balkans and the Middle East", de Ben Lerwill, *National Geographic Traveller* (Reino Unido), abril de 2014, 72-73.

Capítulo 6

p. 111   **Os dados sugerem que doar...** Adam Grant, *Dar e receber – Uma abordagem revolucionária sobre sucesso, generosidade e influência* (Rio de Janeiro: Sextante, 2014).

p. 112   **Todos queriam se associar a ele...** "Thoughts of Li Ka-Shing", 29 de dezembro de 2006, http://www.forbes.com/2006/12/29/li-ka-shing-biz-cx_tf_vk_1229qanda.html.

p. 112   **Em uma análise abrangente...** Carsten K. W. De Dreu, Laurie R. Weingart e Seungwoo Kwon, "Influence of Social Motives on Integrative Negotiation: A Meta-Analytic Review and Test of Two Theories", *Journal of Personality and Social Psychology* 78 (2000), 889-905. Citado em Grant, *Dar e receber*.

p. 113   **"Percebi durante a conversa..."** Grant, *Dar e receber*.

p. 116   **"Meu padrão é doar"** Grant, *Dar e receber*.

p. 117   **"Realmente percebi no que..."** História de Scott Harrison, http://www.charitywater.org/about/scotts_story.php.

p. 120   **"De início, achei que..."** Site de Gabi Ury, http://www.gabiury.com.

p. 121   **A notícia correu mundo...** A fonte dessa informação é Steve Priola, que fez o vídeo.

p. 122   **O psicólogo humanista...** Abraham H. Maslow, *The Farther Reaches of Human Nature* (Nova York: Penguin, 1993).

CONHEÇA OUTRO LIVRO DO AUTOR

Como chegar ao sim

Uma das mais importantes obras da área de negócios, *Como chegar ao sim* já ajudou milhões de pessoas a adotar uma forma mais inteligente, amistosa e eficaz de negociar.

Baseado no trabalho do Projeto de Negociação de Harvard, grupo que estuda e atua em todos os tipos de negociações, mediações e resoluções de conflitos, ele oferece um método direto e prático para obter acordos que satisfaçam todas as partes envolvidas.

As dicas e técnicas são acompanhadas de exemplos reais e podem ser aplicadas a qualquer situação, não importa se você estiver pedindo um aumento, lidando com problemas familiares, resolvendo questões de negócios ou buscando evitar uma guerra.

As lições de William Ury, Roger Fisher e Bruce Patton vão mudar a forma como você encara uma negociação. Aprenda com eles a:

- separar as pessoas do problema em discussão
- concentrar-se nos interesses das duas partes, não em defender posições
- trabalhar em parceria para encontrar opções criativas e justas
- alcançar seus objetivos sem prejudicar o relacionamento
- negociar com pessoas difíceis ou mais poderosas que você

CONHEÇA ALGUNS DESTAQUES DE NOSSO CATÁLOGO

- Augusto Cury: Você é insubstituível (2,8 milhões de livros vendidos), Nunca desista de seus sonhos (2,7 milhões de livros vendidos) e O médico da emoção
- Dale Carnegie: Como fazer amigos e influenciar pessoas (16 milhões de livros vendidos) e Como evitar preocupações e começar a viver
- Brené Brown: A coragem de ser imperfeito – Como aceitar a própria vulnerabilidade e vencer a vergonha (600 mil livros vendidos)
- T. Harv Eker: Os segredos da mente milionária (2 milhões de livros vendidos)
- Gustavo Cerbasi: Casais inteligentes enriquecem juntos (1,2 milhão de livros vendidos) e Como organizar sua vida financeira
- Greg McKeown: Essencialismo – A disciplinada busca por menos (400 mil livros vendidos) e Sem esforço – Torne mais fácil o que é mais importante
- Haemin Sunim: As coisas que você só vê quando desacelera (450 mil livros vendidos) e Amor pelas coisas imperfeitas
- Ana Claudia Quintana Arantes: A morte é um dia que vale a pena viver (400 mil livros vendidos) e Pra vida toda valer a pena viver
- Ichiro Kishimi e Fumitake Koga: A coragem de não agradar – Como se libertar da opinião dos outros (200 mil livros vendidos)
- Simon Sinek: Comece pelo porquê (200 mil livros vendidos) e O jogo infinito
- Robert B. Cialdini: As armas da persuasão (350 mil livros vendidos)
- Eckhart Tolle: O poder do agora (1,2 milhão de livros vendidos)
- Edith Eva Eger: A bailarina de Auschwitz (600 mil livros vendidos)
- Cristina Núñez Pereira e Rafael R. Valcárcel: Emocionário – Um guia lúdico para lidar com as emoções (800 mil livros vendidos)
- Nizan Guanaes e Arthur Guerra: Você aguenta ser feliz? – Como cuidar da saúde mental e física para ter qualidade de vida
- Suhas Kshirsagar: Mude seus horários, mude sua vida – Como usar o relógio biológico para perder peso, reduzir o estresse e ter mais saúde e energia

sextante.com.br